Encyclopedia of
Animals

Land Mammals

Encyclopedia of Animals
Copyright ⓒ 2009 Amber Books Ltd
All rightes reserved.

Korean Translation Copyright ⓒ 2012 by DAMTEO MEDIA
Korean edition is published by arrangement with Amber Books Ltd
through Imprima Korea Agency

이 책의 한국어판 저작권은 Imprima Korea Agency를 통해 Amber Books Ltd와의 독점 계약으로
담터미디어에 있습니다. 저작권법에 의해 한국 내에서 보호를 받는 저작물이므로
무단전재와 무단복제를 금합니다.

지구상의 동물 탐구 대사전

동물대백과

육지의 포유류 편

저자 David Alderton · 복선경 옮김

담터미디어

David Alderton은 케임브리지 대학을 졸업한 이후 줄곧 이 분야에 매달려 야생동물에 대해 평생 동안 관심을 가진 전문가이다. 전 세계의 천연 서식지에 있는 다양한 생물들을 연구하면서 광범위하게 두루 여행했다. 동물에 대한 전문 작가로서 그의 책은 6백만 부 이상이 팔렸고 30개 이상의 언어로 출간되었다. 또한 BBC나 디스커버리 채널 그리고 다른 방송사들의 야생동물 주제의 라디오나 텔레비전 프로그램에 참석자와 작가로서 꾸준히 활동하고 있다. (David는 2008년부터 애완동물과 기타 동물들에 대해서 인기 있는 웹사이트(http://www.pethouseclub.com)를 운영하고 있다.)

옮긴이 복 선 경

우리에게 친숙한 동물이거나 이 책을 통해 처음 만나는 동물들까지, 온갖 포유류, 조류, 파충류, 어류, 곤충, 연체동물 등등 그 동물들을 만나며 때로는 아프리카 대초원으로, 때로는 뜨거운 사막으로 그리고 늪이나 북극 지역까지 동물 탐험 여행을 직접 다녀온 기분이 들 정도로 생생하게 다가왔던 작업이었다. 동물들의 본능과 습성 등에 때론 놀라고 감탄하기도 하며, 인간의 욕심과 지구의 오염으로 멸종해 가는 동물들에게 미안함을 느끼며 지구를 지키는 일에 일조해야겠다는 생각도 하게 되었다. 어린이든 어른이든 이 책을 통해 동물들에 대한 이해를 넓히고, 나아가 이 지구의 미래까지 고민할 수 있는 좋은 계기가 될 것이라 생각한다.
1975년 수원 출생. 1988년 아주대학교 영어영문과 졸업.
1999~2009년 재능교육에서 국내외 영어 교재 개발. 2010년 캐나다 영어 연수. 2011년 현재 영어 교재 개발 중.

동물대백과(3) 양서류와 파충류편 2024년 2월 15일 2판 발행

펴낸곳 담터미디어 펴낸이 이용성 저자 David Alderton 옮긴이 복선경
마케팅 전병준 관리 이영표 교정·편집·디자인 WOOOZOOO
등록 제1996-1호(1996.3.5)
주소 서울 중랑구 용마산로79길 35 전화 02)436-7101 팩스 02)438-2141
ISBN 978-89-8492-683-7 (74490) 제조국 대한민국 ⓒ 담터미디어 2012

* 책값은 뒷표지에 있습니다.

Encyclopedia of
Animals
Land Mammals

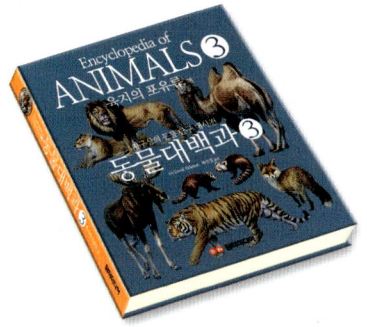

지구상의 동물 탐구 대사전
동물대백과

육지의 포유류 편

| 차 | 례 | CONTENTS

머리말 Introduction	10
너구리판다(레서판다) Red Panda	12
황금자칼 Golden Jackal	14
저먼셰퍼드도그 German Shepherd Dog	16
코요테 Coyote	18
회색늑대 Grey Wolf	20
딩고 Dingo	22
검은등자칼 Black-Backed Jackal	24
갈기늑대 Maned Wolf	26
승냥이 Dhole	28
아프리카들개(리카온) African Hunting Dog	30
너구리 Raccoon Dog	32
큰귀여우 Bat-Eared Fox	34
회색여우 Grey Fox	36
들개 Bush Dog	38
북극여우 Arctic Fox	40
붉은여우 Red Fox	42
페넥여우 Fennec Fox	44
시베리안허스키 Siberian Husky	46
치타 Cheetah	48
카라칼 Caracal(Persian Lynx)	50
고양이 Domestic Cat	52
유라시안스라소니 Eurasian Lynx	54
모래고양이 Sand Cat	56
유럽살쾡이 European Wildcat	58
오실롯 Ocelot	60
서벌 Serval	62
보브캣 Bobcat	64
구름무늬표범 Clouded Leopard	66
사자 Lion	68
재규어 Jaguar	70

표범 Leopard	72
시베리아호랑이 Siberian Tiger	74
인도호랑이(벵골호랑이) Bengal Tiger	76
퓨마 Puma	78
재규어런디(자가란디) Jaguarundi	80
눈표범 Snow Leopard	82
인도몽구스 Indian Grey Mongoose	84
미어캣 Meerkat	86
점박이하이에나 Spotted Hyena	88
땅늑대 Aardwolf	90
줄무늬스컹크 Striped Skunk	92
울버린 Wolverine	94
솔담비(소나무산달) Pine Marten	96
흑담비 Sable	98
오소리 Eurasian Badger	100
꿀오소리(라텔) Honey Badger	102
유럽족제비 Polecat	104
북방족제비(산족제비) Ermine	106
아메리카오소리 American Badger	108
북아메리카링테일 Northern American Ringtail	110
흰코코아티 White-nosed Coati	112
킨카주너구리 Kinkajou	114
아메리카너구리 Raccoon	116
대왕판다 Giant Panda	118
말레이곰 Sun Bear	120
안경곰 Spectacled Bear	122
미국흑곰 North American Black Bear	124
큰곰 Brown Bear	126
회색곰 Grizzly Bear	128
알래스카불곰 Kodiak Bear	130
북극곰 Polar Bear	132
아시아흑곰 Asian Black Bear	134

빈투롱 Binturong	136
제넷고양이 Common Genet	138
가지뿔영양 Pronghorn Antelope	140
임팔라 Impala	142
바바리양 Barbary Sheep	144
스프링복영양 Springbok Antelope	146
아메리카들소 American Bison	148
유럽들소 European Bison	150
가우르(인도들소) Gaur	152
물소 Water Buffalo	154
베조아르아이벡스 Bezoar Ibex	156
산악아이벡스 Alpine Ibex	158
수마트라영양 Southern Serow	160
블루윌더비스트(누) Blue Wildebeest	162
토피영양 Topi Antelope	164
톰슨가젤 Thomson's Gazelle	166
도르카스가젤 Dorcas Gazelle	168
히말라야산양 Himalayan Tahr	170
검은영양 Sable Antelope	172
키르크딕딕 Kirk's Dik-Dik	174
흰바위산양 Rocky Mountain Goat	176
아라비아오릭스 Arabian Oryx	178
오리비가젤 Oribi Gazelle	180
사향소 Musk Ox	182
아르갈리양(산양) Argali(Mountain Sheep)	184
큰뿔야생양 Bighorn Sheep	186
무플런 Mouflon	188
야크 Yak	190
리드벅 Mountain Reedbuck	192
샤무아(알프스산양) Chamois(Gemse)	194
사이가영양(큰코영양) Saiga	196
노란등다이커 Yellow-Backed Duiker	198

아프리카물소(아프리카들소) African Buffalo	200
일런드 Eland	202
네뿔영양 Four-Horned Antelope	204
쿠두 Greater Kudu	206
쌍봉낙타 Bactrian Camel	208
단봉낙타 Dromedary Camel	210
라마 Llama	212
비쿠냐 Vicuña	214
노루 Roe Deer	216
액시스사슴 Chital Deer	218
엘크 Elk	220
붉은사슴 Red Deer	222
일본사슴 Sika Deer	224
다마사슴 Fallow Deer	226
사불상 Père David's Deer	228
문착 Indian Muntjac	230
흰꼬리사슴 White-Tailed Deer	232
남부푸두 Southern Pudu	234
카리부 Caribou	236
기린 Giraffe	238
하마 Hippopotamus	240
사향노루 Siberian Musk Deer	242
바비루사 Babirusa	244
숲멧돼지 Giant Forest Hog	246
덤불멧돼지 Red River Hog	248
유럽멧돼지 European Wild Boar	250
목도리페커리 Collared Peccary	252
찾아보기 Index	254

|머|리|말| INTRODUCTION

우리가 사는 이 지구상에 얼마나 많은 종들이 존재해 왔는지를 정확히 아는 것은 불가능하다. 단순하게는 대다수가 존재에 대한 어떤 증거도 남기지 않고 멸종되었기 때문이다. 분명한 것은 전체 수의 아주 작은 퍼센티지—**어떤 추정에 의하면 아마도 겨우 1 퍼센트**— 만이 오늘날 지구상에 살아 있다는 것이다.

현재까지 약 180만 생물 종들이 동물학자들에 의해 확인되었고 학명을 받았다. 이 중에서 큰 동물들은 극히 소수일 뿐이다. **생명의 형태 중 가장 많은 수는 무척추동물이며** 전체의 약 $\frac{3}{4}$를 차지한다. 생물 분류에서 식물과 미생물을 무시한다면 아마 생물의 종은 단순한 분류에 그칠 수밖에 없을 것이다.

오늘날까지 그야말로 수백만 종이 여전히 발견되고 공식적으로 발표되어 왔지만 그 반면, 많은 종들이 기록되기도 전에 멸종되는 운명을 맞기도 한다는 것은 충분히 짐작되고도 남는다.
뿐만 아니라 세상에는 지붕 모양으로 우거진 열대우림(열대우림 캐노피)과 해저 같은 특정 지역들이 있는데, 현재 우리는 이런 환경들에 존재하는 **수많은 생명 형태에 대한 모호한 평가와 이해**만을 가지고 있다.

그러므로 미지의 생물체까지 밝혀낼 수 있는 문명이 앞으로 다가온다면
지구에서 발견되는 생물은 인간이 상상하지 못하는 종류와 분류가
생겨날 수도 있을 것이다.

모든 동물들은 여섯 개의 다양한 주요 분과 또는 등급으로 나누어진다.
Invertebrates(무척추동물), Fish(어류), Amphibians(양서류),
Reptiles(파충류), Birds(조류), Mammals(포유류)가 그 여섯 개의
분류이다. 앞서 〈무척추동물 · 양서류 · 파충류〉 편의 제1권,
〈어류 · 조류 · 특이한 포유류〉 편의 제2권에 이어
본 책에서는 〈육지의 포유류〉 편으로 제3권을 구성하였다.
멧돼지과, 낙타과, 사슴과, 기린과, 영양붙이과, 소과 등의 우제목
그리고 갯과, 고양잇과, 곰과, 족제빗과 등의 식육목 동물들 가운데
총 121마리를 소개하고 있다. 포유류는 특히 미지의 동물의 세계보다는
아이들이 친근하게 생각할 수 있는 동물의 종류가 가장 많다.
애완동물이나 가축으로 혹은 동물원에 가면 만날 수 있는 동물들,
그 외에도 우리의 생태 환경과 달라 직접 만나볼 수 없는 동물들을
책을 통해서 자세히 알아볼 수 있는 기회가 될 것이다.

너구리판다(레서판다)
Red Panda

생태 정보
무게: 4~6kg
길이: 꼬리 포함 최대 107cm
성 성숙: 약 18개월
임신 기간: 112~158일
새끼 수: 1~5마리, 평균 2마리.
현재 개체수는 겨우
2500마리이다.
먹이: 뼈가 앙상한 손목으로
죽순을 움켜잡고 먹는다.
다른 초목과 새의 알이나
어린 새들도 먹는다.
수명: 12~14년

이 종은 가까운 친척이 없어 자신의 독립적인 과(레서판다과)로 분류되지만 자이언트판다와 몇몇 특성들을 공유한다.

너구리판다들은 하루 대부분의 시간을 나무를 타거나 먹이를 찾으며 보낸다. 쉴 때는 몸을 웅크려 꼬리로 몸을 휘감는다. 이끼 같은 부드러운 물질이 깔린 나무 속에 종종 숨어 있다. 주로 죽순을 먹는 너구리판다의 분포 지역 곳곳에서 대나무 숲이 정리되거나 해체되어 이들의 개체수에 불리한 영향을 주고 있다.

세계 어느 곳에?
인도, 부탄, 네팔, 미얀마(버마)에서부터 라오스와 중국의 윈난성과 쓰촨성까지 포함해 아시아 남부를 통과하는 히말라야 지역의 삼림에 산다.

얼마나 클까?

천연색
풍부한 적갈색 털을 가지고 있으며 다리와 아랫부분은 검정색이다.

귀
귀는 넓고 뾰족하다. 색은 희끄무레하고 머리에 낮게 달려 있다.

얼굴 무늬
갈색 줄무늬가 눈 아래로 이어지고, 주둥이는 하얗다.

높이 서기
이 판다들은 뒷다리로 설 수 있다.

꼬리
꼬리는 두껍고 털이 많으며 바탕색보다 연한 빛깔의 고리 무늬가 길이를 따라 있다.

지상
너구리판다가 나무를 떠나 땅에서 돌아다니는 것은 보통 밤에만이다. 나무에서보다 땅에서 더 천천히 움직인다.

발톱은 부분적으로만 집어넣는다.

황금자칼
Golden Jackal

생태 정보
무게: 7~15kg
수컷이 더 무겁다.
길이: 꼬리 포함 95~130cm.
높이는 최대 50cm
성 성숙: 약 11개월
임신 기간: 약 63일
새끼 수: 2~4마리
젖떼기는 최대 3개월 후 시작
먹이: 잡식성.
조류와 포유류를 사냥하고,
죽은 고기도 먹는다.
또한 식물도 먹는다.
수명: 12~14년

황금자칼은 자칼 중에서 가장 큰 종이다. 광범위하게 분포되어 크기와 모양이 각각 다른 13개의 다양한 품종이 식별되었다.

이 자칼들은 천성적으로 매우 적응력이 뛰어나서 분포하는 모든 지역에서 상당히 흔하다. 몇몇 지역에서는 최대 5마리 정도의 무리를 이루어 조직적으로 사냥하며, 이를 통해 더 크고 더 빠른 먹잇감을 제압한다.
예리한 청력은 초목 속에 숨어 있는 작은 동물들의 위치를 찾아낼 뿐만 아니라 물고기를 잡는 데도 능하다.
사냥 기회가 줄어들면 무척추동물들을 잡아먹고 계절에 따른 과일들도 먹는다.

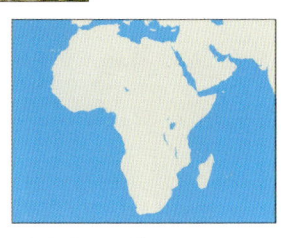

세계 어느 곳에?
아프리카 북부와 동부 지역들에서 발견되며 아라비아와 아시아의 남부 지역을 거쳐 동쪽으로 미얀마(버마)까지, 유럽 남동부 지역에도 서식한다.

얼마나 클까?
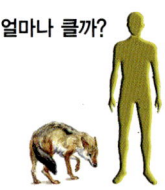

천연색
털은 대게 노란 빛깔이며 끝 부분이 더 어두운 색이다. 지역과 계절에 따라 다양하다.

꼬리
털이 풍성한 꼬리는 쉴 때는 보통 아래로 내려놓는다.

새끼의 성장
새끼들은 태어날 때 200g 정도이며, 약 10일 이후에 눈을 뜬다.

협력자
이전 배의 새끼들은 부모와 함께 머물기도 하며 다음 배의 새끼들을 보호하고 키우는 것을 돕는다.

놀고 있는 황금자칼

저먼셰퍼드도그
German Shepherd Dog

생태 정보
무게: 22~40kg
길이: 최대 76cm
높이는 최대 65cm
성 성숙: 6~12개월, 암캐는 1년에 2번 발정기를 갖는다.
임신 기간: 63일
새끼 수: 보통 8마리
젖떼기는 42~56일에 시작
먹이: 잡식성.
식물성과 동물성 단백질을 모두 먹는다. 개들은 채식 식단으로 좋은 건강상태를 유지할 수 있다.
수명: 11~12년

회색 늑대 조상의 모습이 분명히 나타나긴 하지만
이 품종은 늑대보다는 다른 개들로부터 만들어졌다.

저먼셰퍼드는 가장 영리한 개 중 하나이다. 원래는 양을 방목할 때 사용되었던 개였지만 현재는 경찰 업무나 장애인을 돕는 등 다양한 일을 위해 훈련되어 왔다. 유럽에는 몇 세기 동안 저먼셰퍼드와 유사한 품종이 존재해 왔지만 독일 동족 저먼셰퍼드 만큼의 인기를 누리지는 못했다.

세계 어느 곳에?
이 품종이 알세이셔개로도 알려져 있는 것은 이 개가 발생한 프랑스와 독일의 국경 지역 알사스-로렌 지역을 기념하는 것이다.

얼마나 클까?

귀
귀는 똑바로 세워져 있으며 삼각형 모양이고, 소리의 근원을 탐지하고 찾아내는 것을 돕는다.

털
짧은 털의 사례가 흔하지만, 때때로 긴 털을 가진 개체들도 보인다.

주둥이
상대적으로 길고 넓은 주둥이는 후각 능력을 높여준다.

천연색
털의 검은 부분은 대부분의 경우 아래로 확장되어 꼬리 뒷부분까지 이르나, 무늬는 제각각이다. 드물게 흰색 털의 유형도 존재한다.

발
앞다리의 안쪽에 있는 며느리발톱은 약간 땅에서 떨어져 들려 있는데 사람의 엄지손가락과 동일하다.

다리
앞다리는 곧고 강력하다.

─몸으로 나타내는 의사소통─
자신감 있거나(위) 불안해 하거나(아래)

이종교배

저먼세퍼드도그와 회색늑대 사이의 유사성 때문에 1930년대에 사육자들은 이 두 개과의 동물을 이종교배하여 지금의 늑대개 잡종으로 알려진 동물을 탄생시켰다. 그 새끼들은 가축 개들보다 훨씬 더 불안해 하고 일반 개보다 공격적이어서 훈련시키기가 상당히 어려운 것으로 나타났다.

코요테
Coyote

생태 정보
무게: 7~21kg
북부 지역 품종들처럼 수컷이 더 무겁다.
길이: 105~140cm
높이는 최대 87cm
성 성숙: 12개월
임신 기간: 약 60~63일
새끼 수: 1~19마리, 보통 6마리
35일까지는 젖을 뗀다.
먹이: 잡식성.
기회주의적인 사냥꾼이다. 주로 작은 포유류, 큰 곤충과 새를 잡아먹고, 죽은 고기도 먹는다. 식물성도 먹는다.
수명: 11~12년

암컷 코요테는 1년에 한 번, 이른 여름에 출산한다. 이종교배를 할 수 있어서 '카이도그'라 불리는 새끼를 낳기도 한다.

북아메리카 전역에서 늑대의 숫자가 감소한 것에 비해 더 작고 적응력이 뛰어난 코요테의 숫자는 증가해 왔다. 서식지는 20세기를 거치면서 눈에 띄게 확대되었으며, 현재는 뉴욕과 그밖의 교외 지역에서도 코요테를 볼 수 있다. 불과 30년 만에 동부해안 지역까지 분포하게 된 것이다. 이 야생 개들은 양들을 공격하기 때문에 달가운 존재는 아니지만 방목지에 해를 끼치는 잭래빗을 잡아먹는 먹이사슬에 위치하고 있다.

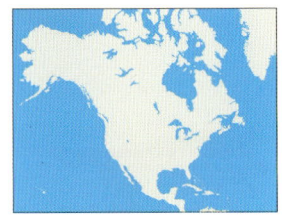

세계 어느 곳에?
북아메리카 전역, 알래스카에서 남쪽으로 멕시코까지 서식한다. 미국 본토의 모든 주에 나타난다. 캐나다 중북부와 서부 지역에만 없다.

얼마나 클까?
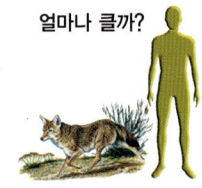

귀
귀는 넓고, 똑바로 세웠을 때 소리를 정확히 찾아내 어둠을 틈탄 사냥을 가능하게 해준다.

코
코는 상당히 좁고 검정색 콧구멍이 있다.

눈
눈은 지켜보고 경계하는데 사용되며, 녹색이다. 코요테는 야간시력이 매우 뛰어나다.

천연색
사막 지역의 코요테는 불그스름한 털을 가지고 있으며, 반면 산림지역에 서식하는 코요테는 좀 더 회색을 띤다.

코요테는 혼자 또는 한 쌍을 이루어 산다.

달을 보며 울부짖기
코요테는 밤에 자주 울부짖거나 짖어댄다. 이때는 또한 코요테가 하루 중 가장 활동적인 시기이다.

회색늑대
Grey Wolf

생태 정보
무게: 15~80kg
수컷과 북부 지역 품종들이 더 무겁다.
길이: 130~200cm
높이는 최대 87cm
성 성숙: 2~3년
임신 기간: 60~63일
새끼 수: 1~19마리,
평균 5~6마리
70일 이후 젖을 뗀다.
먹이: 주로 육식성이며
들소, 사슴, 양, 염소,
순록 같은 발굽이 있는
유제동물들을 잡아먹는다.
수명: 6~9년,
사육되어 12년 이상
살 수도 있다.

회색늑대는 북반구에 가장 널리 퍼져 있는 포유류 중 하나이지만, 점점 도시화 되어가는 환경 때문에 서식지가 급격히 감소되었다.

늑대들은 주기적으로 냄새표시를 하면서 세력권을 유지한다. 먹잇감의 크기로 보아 늑대 무리의 크기를 파악하기도 한다. 알래스카에서 최대 20마리 이상의 늑대가 무리를 이루는 것은 무스같은 강하고 위험한 먹잇감을 상대해야 하기 때문이다. 반면 사막 지역에서는 큰 먹잇감이 부족하기 때문에, 쌍을 이루어 살면서 더 가볍고, 더 빠르고, 작은 사냥감을 잡는다.

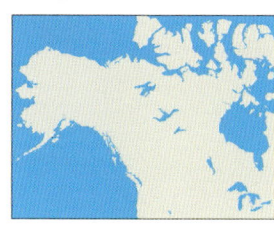

세계 어느 곳에?
지금은 캐나다의 외딴 지역과 미국의 미시건주, 위스콘신 주와 러시아와 유럽의 몇몇 지역에 국한되어 있다.

얼마나 클까?

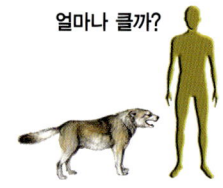

주둥이
수컷 회색늑대는 암컷보다
더 넓은 주둥이와
더 넓은 이마를 가지고 있다.

천연색
이름과 다르게
털 색깔이 실제적으로
매우 가변적이다.

발
발가락 사이에
얇은 물갈퀴 막이 있어
눈길에서 빠지지 않게
걸을 수 있도록 돕는다.

털 구조
털은 이중으로
(날씨 변화를 막아주는 바깥 층과
단열시켜주는 아래층)
구성되어 있다.

무리의 서열
늑대 무리에는 엄격한 서열이 있다.
보통 지배하는 한 쌍만이 새끼를 낳고
다른 구성원들은 새끼를 키우는 일을 돕는다.

가축 개는 직접적인 늑대의
후손이다.(위:늑대 / 아래:개)

딩고
Dingo

생태 정보
무게: 23~32kg
수컷이 더 무겁다
길이: 157~262cm
높이는 최대 58cm
성 성숙: 암컷은 2년
수컷은 1~3년
임신 기간: 61~69일
새끼 수: 5~6마리
3~6개월에 젖을 뗀다.
먹이: 오스트레일리아에서 170종의 먹이를 먹는 것으로 기록되어 있으며, 무척추동물에서부터 물소까지 다양하다. 사체나 과일도 먹는다.
수명: 최대 14년

딩고의 조상은 약 4000년 전 오스트레일리아 원주민 정착자들에 의해 호주에 도입되어 현재까지도 야생의 상태로 살고 있다.

딩고는 길들여지다가 다시 야생으로 돌아간 개다. 야행성이며 단독 생활을 하거나 작은 무리를 이루어 사는데 주로 양을 먹이로 삼기 때문에 농부들과 충돌하기도 한다. 암컷은 다른 야생 개과의 동물들처럼 매년 5월과 7월 사이에 한 배의 새끼를 낳는다. 딩고는 집개들과 성공적으로 이종교배할 수 있다.

세계 어느 곳에?
조상의 혈통은 동남아시아에서 유래했다. 이와 비슷한 개들은 뉴기니에서 비롯되었으나, 딩고는 호주 본토의 주들에 한정적으로 살고 있다.

얼마나 클까?

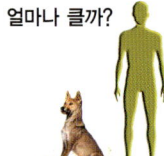

귀
귀는 상당히 크고
머리 꼭대기에 위치하고 있다.

주둥이
주둥이는 짧고 강력하며,
상대적으로 긴 송곳니를
가지고 있다.

천연색
보통 선명한 붉은빛을 띤
금색이며, 가슴 부분은 흰색이다.
하지만 옅은 황금색부터 갈색
또는 검정색까지 다양하다.

발과 꼬리
순수혈통의 딩고는
발과 꼬리 끝 부분에
흰색 털이 있다.

-딩고(왼쪽)와 호주의 목축견(오른쪽)-
딩고는 이 품종의 개발에 사용되었다.

사냥 전략
딩고는 캥거루를 사냥하는 방법을
개발해 왔는데, 재빨리 돌진하여
캥거루의 치명적인 뒷다리 강타를
피하는 것이다.

검은등자칼
Black-Backed Jackal

생태 정보
무게: 7~13.5kg
수컷과 남부의 품종들이 더 무겁다.
길이: 95~136cm
높이는 최대 42cm
성 성숙: 약 11개월
임신 기간: 60~65일
새끼 수: 3~6마리
먹이: 잡식성.
산토끼나 설치류 같은 작은 먹잇감을 사냥하며, 죽은 고기도 먹는다. 과일과 딸기류 과실을 먹기도 한다.
수명: 야생에서 최대 8년 사육되어 12~14년

화석에 의하면, 검은등자칼은 같은 속에서 가장 오랫동안 생존해 온 동물이다. 회색늑대나 가축 개보다 오래전부터 존재해 왔다.

암컷 검은등자칼은 수컷에 비해 색이 옅은 편이다. 암수 한 쌍은 일생 동안 유대를 형성하지만, 가끔은 다른 무리들과 힘을 합쳐 더 큰 먹잇감을 사냥하기도 한다. 전년에 태어난 새끼 자칼들 중의 일부는 부모와 함께 생활하면서 사냥을 돕거나 다음 새끼들의 생존 가능성을 증가시킨다. 이들은 또한 기회주의적이어서 희망봉의 물개 사체를 포함해 먹이가 될 만한 것들은 무엇이든지 먹는다.

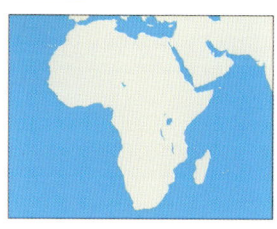

세계 어느 곳에?
두 개의 다른 개체군이 소말리아, 에티오피아, 케냐를 포함한 아프리카 동부 지역과 또한 아프리카 남부 지역에 걸쳐 남아프리카의 짐바브웨, 보츠와나와 나미비아에 서식한다.

얼마나 클까?

귀
귀는 초목에 숨어 있는 먹잇감을 발견하는데 특히 유용하다.

천연색
은빛 검은 털이 등과 꼬리까지 계속되며, 측면의 연한 적갈색과 대비를 이룬다.

윤곽
검은등자칼은 관련 종보다 더 호리호리하고, 주둥이가 긴 편이다.

수염
수염은 감각 정보를 제공하며 사냥할 때 바람의 방향을 확인하는 것을 돕는다.

함께 사냥하기
짝을 이루어 사냥하는 것은 매우 성공적이다. 자칼 한 마리가 암컷 가젤의 주의를 딴 데로 돌려서 다른 자칼이 새끼 가젤을 잡을 수 있게 하고 있다.

검은등자칼은 스스로 굴을 판다.

갈기늑대
Maned Wolf

생태 정보
무게: 20~25kg
길이: 150~160cm
높이는 최대 91cm 정도
성 성숙: 2년
임신 기간: 약 60~65일
새끼 수: 2~6마리
젖떼기는 105일경 시작
먹이: 잡식성.
작은 동물들, 조류, 무척추동물들을 먹고 사는데, 먹이의 반은 식물과 과일이다.
수명: 야생에서 7~10년, 사육되어 최대 15년

이 독특한 야생 개는 남아메리카 지역의 개과동물 중 가장 크다. 무리를 이루기보다는 혼자 또는 짝을 이루어서 산다. 갈기늑대는 실제로 늑대와 밀접하게 연관되어 있지는 않다.

갈기늑대는 일반적으로 야행성이다. 다른 야생 개과의 동물들처럼, 암컷은 1년에 단 한 번, 3월과 4월 사이에 발정기를 가진다. 짝을 이루어 살면서 차지하는 영역이 최대 30㎢에 이르지만 3월과 4월 동안에는 개체가 섞여 지낸다. 자신들의 영역에 정기적으로 마리화나를 닮은 독특한 악취의 오줌으로 냄새 표시를 남기는데, 이는 먹이로 섭취된 피라진 타입의 화학물질의 결과일 것이다.

세계 어느 곳에?
남아메리카 남부, 브라질의 남동부 및 중부 지방에서 서식하며, 파라과이 동부 지역과 볼리비아에도 서식한다. 또한 아르헨티나의 북부에서도 발견된다.

얼마나 클까?
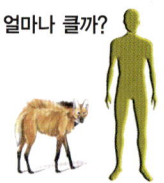

꼬리
꼬리는 완전히 흰색이거나
끝 부분에만 흰색 털을 가지고 있다.

갈기
이 털 등줄기는 목부터
어깨 부분까지 이어진다.

다리
다리는 길고 비교적 호리호리하며,
갈기늑대의 활동적인 성격을 강조해 준다.

귀
귀는 길이가 최대 18㎝이며, 풀 속에
숨어 있는 먹이를 찾는데 도움이 된다.

늑대의 모습을 가진 고양이
갈기늑대가 설치류를 사냥하는 방식은
고양이의 사냥 방식과 유사한데,
먹잇감을 위에서 갑자기 덮친다.

갈기늑대는 매우 좁은
몸체를 가지고 있다.

승냥이
Dhole

생태 정보
무게: 12~20kg
품종에 따라 다르다.
길이: 95~136cm
높이는 최대 42cm 정도
성 성숙: 12개월
임신 기간: 60~63일
새끼 수: 보통 5~10마리
(최대 12마리)
젖떼기는 6~9주 후 시작
먹이: 잡식성.
산토끼, 사슴같이 좀 더 큰 사냥감을 사냥하며, 죽은 고기도 먹는다.
수명: 8년
사육되어 12~14년

약 15,000년 전 빙하기가 끝날 무렵, 승냥이는 북반구 전체에 분포했었지만 현재는 분포 지역이 훨씬 줄어들었다.

개과의 모든 동물들 중에서 아래턱 어금니의 숫자가 1개씩 적은(40개) 유일한 종이 바로 승냥이다. 또 다른 특이한 점은 암컷에게 최대 7쌍의 유선이 있다는 것이다. 보통 5쌍인 것에 비해 승냥이의 한 배의 새끼 수가 비교적 많기 때문일 것이다.
암컷과 수컷은 외모가 비슷하며 크기도 거의 다르지 않다.

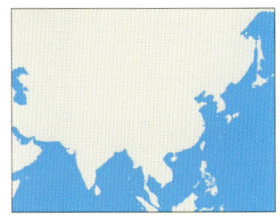

세계 어느 곳에?
동남아시아, 인도에서 동쪽으로 중국까지 그리고 말레이 반도를 거쳐 밑으로 자바까지 서식하는데, 삼림 개간 때문에 많은 지역에서 사라지고 있다.

얼마나 클까?

천연색
남부 지역의 승냥이는
북부 지역에서 발견되는
승냥이보다 더 짧고
더 붉은 털을
지니고 있다.

두개골 모양
두개골은 넓고
윗부분이 둥근 모양이며,
승냥이는 크고 둥근 귀와
힘이 세고 강한 턱을
가지고 있다.

발
앞발은 부분적으로
합쳐져 있는데, 이는
아마도 빙하시대의
흔적으로서 여겨진다.
빙하시대의 승냥이들은
눈 위를 자주
걸었을 것이다.

꼬리
검은 꼬리는
매우 풍성해 보이는데,
특히 끝 부분 쪽으로 풍성하다.

무리 생활
승냥이 무리는 힘과 투지가 있어 때때로
호랑이같은 사나운 포식자의 먹이도 뺏는다.

가족단위의 그룹에서 새끼 승냥이들은
굴 밖에서 놀면서 생활한다.

아프리카들개 (리카온)
African Hunting Dog

생태 정보
무게: 17~36kg
수컷이 좀 더 크다.
길이: 52~58cm
높이는 최대 75cm 정도
성 성숙: 12~18개월
임신 기간: 65~70일
새끼 수: 2~19마리,
평균 10마리
젖떼기는 10주 이후 시작
먹이: 임팔라 같은 중간 크기의 유제류와 얼룩말, 타조 같은 좀 더 큰 동물도 사냥한다.
수명: 최대 11년

이 개과인 아프리카들개의 학명은 번역하면 '색칠된 늑대'이며, 이 개성적인 무늬 때문에 쉽게 개체를 식별할 수 있다.

암컷 아프리카들개는 젖떼기 과정의 일부분으로 새끼들을 먹이기 위해 먹이를 토해낸다. 이렇게 하면 위의 소화액 때문에 어린 새끼들이 먹기 쉽다. 무리의 구조는 지배적인 한 쌍을 중심으로 돌아가며, 6~20마리 사이로 구성된다. 이 아프리카들개는 사냥과 질병 때문에 무리의 규모가 작아졌으며 전통적인 먹잇감을 잡는 것도 점점 어려워지고 있다.

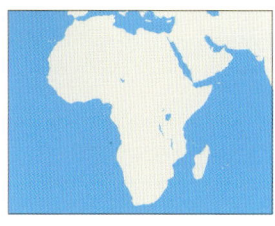

세계 어느 곳에?
아프리카, 특히 낙엽성 산림지대에 국한되어 있다. 아프리카대륙의 중부와 동부 지역부터 아래로 남아프리카 북부와 나미비아 북부 지역까지 분포한다.

얼마나 클까?

귀
크고 끝 부분이 둥글며,
다양한 소리들에 민감하다.

발가락
다른 개과동물들과 달리,
아프리카들개는 각 앞발에
발가락이 4개씩만 있다.

천연색
털색은 검정, 빨강, 노랑, 갈색,
흰색 부분을 포함한다.
같은 무늬를 가진 개체는 하나도 없다.

위장
아프리카들개의 얼룩덜룩한 색상은
초원지대와 잘 혼합된다.

꽉 붙잡기
먹이를 공격할 때, 무리 중 한 마리는 언제나
불행한 먹잇감의 꼬리를 꽉 붙잡아서 무리들이
더 안전하게 공격할 수
있도록 해준다.

암컷 아프리카들개가 새끼들을 먹이고 있다.

너구리
Raccoon Dog

생태 정보
무게: 4~10kg
수컷이 좀 더 크다.
길이: 63~73cm
높이는 최대 25cm
성 성숙: 12개월
임신 기간: 약 60일
새끼 수: 최대 15마리
젖떼기는 8주에 시작
먹이: 잡식성.
무척추동물과 개구리,
도마뱀 같은 다른 작은
동물들을 먹고 살며
과일과 딸기류도 먹는다.
수명: 야생에서 4~5년
사육되어 최대 11년

이 너구리의 특이한 점은 개들과는 달리, 날카로운 발톱을 이용해 손쉽게 기어 올라갈 수 있고, 짖지 않는다는 것이다.

이 개과 동물의 너구리 털은 매우 귀하게 여겨져, 사육하려는 시도도 있었다. 그러나 몇몇 너구리들이 농장을 탈출해서, 1950년대 후반부터 야생에서 급속히 번식하게 되었다. 현재는 발틱 지역에 정착했고, 남쪽으로 이탈리아와 프랑스에도 서식하는 것으로 보고되고 있다. 천성적으로 적응력이 매우 좋아서 겨울 동안에는 동면하면서 몹시 추운 날씨에도 살아남는다.

세계 어느 곳에?
아시아에 자연발생적으로 서식하며 중국, 남쪽으로 한국, 시베리아 남동부, 일본에 개체군이 있다. 유럽 북부에 도입되었고 좀 더 남쪽으로 퍼져가고 있다.

얼마나 클까?

얼굴 생김새
얼굴은 넓고 검정색과 흰색의 독특한 무늬가 있으며, 혈연이 아닌 미국너구리의 얼굴과 비슷하다.

꼬리
꼬리는 의사소통의 수단으로 쓰이며, 우세한 개체는 꼬리를 U자 모양으로 세울 수 있다.

털
털은 길어서 악천후로부터 보호하며, 둥글둥글한 윤곽을 강조한다.

이빨
다른 개과 동물들에 비해 상당히 작다.

너구리들은 겨울 동안 잘 수 있는 굴을 가지고 있다.

가족 부양
새끼는 잘 숨겨진 굴에서 태어나며, 어른 암컷과 수컷은 모두 새끼의 양육을 돕는다.

큰귀여우
Bat-Eared Fox

생태 정보
무게: 3~4.5kg
수컷이 약간 더 크다.
길이: 80~95cm
높이는 최대 40cm
성 성숙: 8~9개월
임신 기간: 약 60일
새끼 수: 2~5마리
젖떼기는 5주 후에 시작
먹이: 주로 식충성.
먹이의 대부분은
무척추동물이며, 작은 포유류,
도마뱀, 새들도 잡아먹는다.
수명: 야생에서 4~6년
사육되어 최대 13년

다른 개과의 동물들과 달리, 이 작은 여우들은 큰 먹잇감 외에 주로 메뚜기나 흰개미를 잡아먹는 식충성이다.

큰귀여우는 짝을 이루어 살며 탁 트인 산림지대나 초원지대에 서식한다. 큰귀여우는 양과 같은 가축들에게 어떤 위협도 가하지 않지만 다소 작은 자칼처럼 보여 종종 죽임을 당한다. 암컷은 1년에 한 번, 우기가 시작될 때 새끼를 낳는데, 이 시기에 곤충 먹잇감을 가장 쉽게 잡을 수 있기 때문이다.
새끼들은 약 2주가 지나면 생후 처음으로 굴을 떠난다.

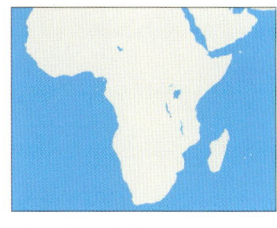

세계 어느 곳에?
동아프리카에 서식하는데, 에티오피아, 소말리아, 탄자니아뿐만 아니라 더 남쪽으로 모잠비크, 짐바브웨, 보츠와나, 남아프리카, 나미비아, 앙골라에도 개체군이 있다.

얼마나 클까?

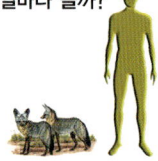

귀
눈에 띄는 귀는 길이가 약 13cm이며 매우 넓다. 이 귀를 이용해서 땅속의 먹잇감들을 찾아낸다.

털 색
털은 회색빛이 도는 갈색이며, 특히 목 주위에 옅은 노란빛을 띠는 부분이 있다.

앞발
앞발은 주로 땅 파기에 쓰이는데, 먹이를 찾거나 굴을 파는데 유용하다.

다리
다리는 짙은 갈색을 띤다.

위험한 생활
이 여우들은 작은 크기 때문에 하이에나 같은 땅 위의 포식자들뿐만 아니라 맹금류에게도 매우 쉽게 사냥 당할 수 있다.

큰귀여우는 이가 작다.

회색여우
Grey Fox

생태 정보
무게: 2.5~6.5kg
수컷이 약간 더 크다.
길이: 81~113cm
높이는 최대 30cm
성 성숙: 8~9개월
임신 기간: 51~63일
새끼 수: 1~10마리
젖떼기는 5주에 시작
먹이: 잡식성.
작은 포유류를 주로 먹고
과일과 식물성도 먹는다.
수명: 야생에서 4~6년
사육되어 최대 13년

매력적인 색깔의 회색여우는 나무를 잘 타며 다른 종의 여우들과 달리 땅 위에서만 지내지 않는다.

회색여우는 짝을 이루어 산다. 나무구멍 또는 나무뿌리 아래 있는 굴에 거주하는데, 낮에는 여기서 쉬고 황혼이 지면 나와서 어둠을 틈타 사냥한다.
회색여우는 이들의 더 큰 동족들인 코요테에게 공격당할 위험에 처할 수 있기 때문에 코요테로부터 도망치기 위해 나무 위로 기어 올라갈 수 있다. 새끼들은 부모들을 따라다니면서 사냥을 배우며, 가을까지 가족단위로 살아간다.

세계 어느 곳에?
캐나다 남부 지역으로부터 미국 대부분의 지역을 포함하여 아래로 멕시코와 중앙아메리카를 거쳐 남아메리카 북부의 콜롬비아와 베네수엘라에 분포한다.

얼마나 클까?

꼬리
꼬리는 풍성하고 끝 부분이 검다.

줄무늬
검은 줄무늬가 등 중앙에서 이어져 내려온다.

천연색
회색 털이 지배적이며, 특히 등 위가 그렇다. 밑부분은 흰색이고 눈에 띄는 적갈색 턱받이 무늬가 있다.

발
발은 강하며, 강력한 발톱을 가지고 있어 회색여우가 잘 붙잡을 수 있도록 도와준다.

높은 곳에서 침착함
회색여우들은 도마뱀이나 어린 새들을 둥지에서 훔치기 위해 나무를 탄다. 필요하다면 점프도 잘한다.

가족들을 위해 먹이를 굴로 가져온다.

들개
Bush Dog

생태 정보
무게: 5~7kg
수컷이 약간 더 크다.
길이: 68~88cm
높이는 겨우 25cm
성 성숙: 1년
임신 기간: 63일
새끼 수: 최대 6마리
젖떼기는 8주 후에 시작
먹이: 육식성.
특히 파카 같은 설치류를 잡아먹는다.
수명: 사육되어 최대 10년

다리가 짧은 이 들개의 분포 범위는 광범위하지만 상당히 희귀하다. 최대 12마리 정도의 무리를 지어 산다.

들개는 살아있는 동물로보다는 브라질의 동굴에서 발견된 화석 유적으로 처음 알려졌다. 작은 크기 때문에 발견하기 어려운데 특히 숨을 곳이 많은 우림 지역은 더 그렇다. 들개들은 통나무의 구멍으로 도피하거나 다른 동물들이 버린 굴을 찾는다. 무리를 지어 사냥하는 것은 들개들이 큰 사냥감을 잡을 수 있다는 것을 의미한다.
들개는 독특한 울음소리를 내어 서로 연락을 취한다.

세계 어느 곳에?
중앙아메리카 및 남아메리카, 안데스 산맥의 서부, 파나마에서 아래로 아르헨티나 북부와 브라질의 아마조니스 주까지 광범위한 지역에 걸쳐 분포한다.

얼마나 클까?

귀
귀는 상대적으로 작고 아래쪽에 위치하며, 두개골의 상당히 뒷부분에 달려 있다.

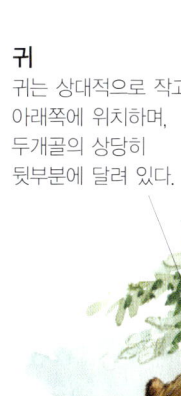

옆얼굴
넓은 콧구멍을 가진 들개는 이를 이용하여 숲 바닥에 가까운 흔적을 찾아낼 수 있다. 또한 강력하고 다부진 턱을 가지고 있다.

천연색
어른 들개는 황갈색이나 새끼들은 출생 시 짙은 회색이다.

후반신
후반신은 근육이 발달되어 있어서 달리거나 수영하는데 효과적이다.

물속에서의 사냥
들개의 발가락은 물갈퀴가 있어서, 더 효과적으로 수영하는데 도움이 되며, 물속에서도 먹잇감을 쫓을 수 있다.

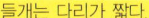
들개는 다리가 짧다.

북극여우
Arctic Fox

생태 정보
무게: 3~3.5kg
수컷이 더 무겁다.
길이: 83cm
성 성숙: 2년
임신 기간: 52일
새끼 수: 6~15마리
젖떼기는 35~63일에 시작
먹이: 잡식성.
나그네쥐, 새, 알, 물고기,
딸기류를 먹으며, 바다표범과
같은 커다란 해양 포유류의
사체를 먹기도 한다.
수명: 야생에서 5~7년
사육되어 최대 10년

개과의 다른 동물들보다 더 북부 지역에서 발견되는 북극여우는 이 엄청나게 혹독한 환경에 잘 적응되어 있다.

북극여우는 자신들을 가려줄 나무가 전혀 없는 곳에 서식하지만 눈처럼 하얀 털색깔은 자신의 존재를 감추는 데 유리하다. 북극여우는 땅속 굴에 사는데 때때로 작은 무리를 이룬다. 무리 중에는 지배적인 한 쌍이 있는 것으로 보이며 무리의 다른 구성원들은 새끼들을 키우기 위해 먹이를 찾는 것을 돕는다. 북극여우는 추위로부터 잘 단열되어 있는데 발바닥조차도 털로 덮여 있어 동상으로부터 보호된다.

세계 어느 곳에?
극북 지역에 서식하며 극둘레 영역으로 확장된다. 알래스카, 캐나다 북부, 그린란드와 유럽 북부, 아시아에도 나타난다.

얼마나 클까?

주둥이
짧은 주둥이는
열 손실을 방지한다.
코는 검고, 발톱도 검다.

천연색
모든 북극여우가 흰색인 것은
아니다. 어떤 것들은
회갈색(청색으로 묘사되는)이다.

꼬리
다른 부위처럼
꼬리를 덮고 있는 털은
밀도가 높아서 풍성하게 보인다.

사냥
북극여우는 먹이습성에 매우 잘 적응하였는데,
썩은 고기를 먹거나, 때때로 바다표범 새끼들을
공격하기도 한다.

여름에 눈이 녹은 다음, 북극여우의 털은
일반적으로 색이 더 짙어진다.

붉은여우
Red Fox

생태 정보
무게: 3~10kg, 북부 지역 여우들이 더 무겁다.
길이: 90~139cm
성 성숙: 1~2년
임신 기간: 53일
새끼 수: 평균 3~4마리
(최대 12마리가 기록되었다.)
젖떼기는 약 60일에 시작
먹이: 동물과 새들.
죽은 고기도 먹고 딸기류, 과일, 채소를 먹기도 한다.
수명: 보통 3~5년
(최대 12년)

붉은여우는 매우 다재다능한 동물로서, 세상에서 가장 폭넓게 분포하고 있는 야생 개과동물로서 도시 생활에도 잘 적응해 왔다.

붉은여우는 구애 기간 동안은 밤늦게 들리는 유령 같은 비명소리를 낸다. 암컷은 암여우(vixen)로 알려져 있고 수컷은 숫여우(dog fox)로 알려져 있다. 암수 한 쌍은 지하에 굴을 파는데 때로는 건물 밑에서도 굴을 판다. 새끼들은 이 굴에서 여름에 태어난다. 새끼들은 보통 겨울 동안 부모와 같이 지내고 나서 수컷 새끼들은 암컷 새끼들보다 더 먼 곳으로 세력권을 찾아 이동한다.

세계 어느 곳에?
북반구 지역, 북위 30도부터 극지방까지 서식한다. 또한 북아프리카에도 나타난다. 호주에도 유입되었다.

얼마나 클까?

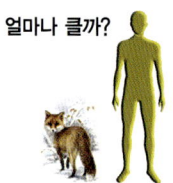

천연색
붉은여우들의 빨간색은 개체 간에 다양하며, 또한 주변 환경을 반영한다. 고지대에 사는 여우들은 일반적으로 더 짙은 붉은색을 나타낸다.

꼬리
붉은여우의 꼬리는 brush(털이 많은 꼬리 부분)로 알려져 있다. 꼬리는 털로 잘 감싸져 있으며, 끝은 언제나 흰색이다. 이 그림처럼 아래로 있을 수 있지만, 이동하거나 흥분된 상태에서는 들어올려진다.

먹잇감 잡기
붉은여우는 먹잇감뿐만 아니라 이들이 사냥하는 환경에 적합하도록 사냥 기술을 적응시켰다.

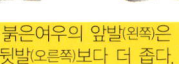

붉은여우의 앞발(왼쪽)은 뒷발(오른쪽)보다 더 좁다.

페넥여우
Fennec Fox

생태 정보
무게: 1~1.5kg
수컷이 약간 더 크다.
길이: 43~71cm
높이는 겨우 20cm
성 성숙: 6~11개월
임신 기간: 50~52일
새끼 수: 2~5마리
젖떼기는 8주 후부터 시작
먹이: 잡식성.
설치류, 토끼, 작은 새, 도마뱀과 무척추동물들을 잡아먹고, 과일도 먹는다.
수명: 보통 9~11년
사육되어 최대 16년

사막에 거주하는 이 여우들은 특히 혹독한 환경에서의 생활에 아주 훌륭하게 적응했다. 개과동물 중에서 가장 작지만 어울리지 않게 커다란 귀를 가지고 있다.

페넥여우는 으르렁거리는 소리나 짖는 소리, 고양이처럼 독특한 가르랑 소리 등 다양한 울음소리를 이용해서 의사소통을 한다. 최대 10마리 정도의 무리를 지어 살고, 천성적으로 텃세가 강해 오줌으로 영역을 표시한다. 지하의 굴에서 서식하며 새끼를 낳는데 새끼들은 생후 1개월 정도면 땅 위로 나오기 시작한다.
다른 야생 개과 동물들과 달리, 페넥여우는 1년에 두 번 새끼를 낳을 수 있다.

세계 어느 곳에?
주로 북아프리카의 사하라 사막 지역에 국한되어 있으며, 모로코, 알제리, 튀니지, 리비아, 이집트, 수단에 서식한다. 또한 홍해의 북동부에도 분포한다.

얼마나 클까?

귀
귀는 머리보다 훨씬 더 크며
최대 15cm이다.

천연색
페넥여우의 모래색은
자연적인 은신처가
거의 없는 사막환경에
잘 조화된다.

주둥이
주둥이는 짧으며
매우 좁고 뾰족하다.

발
발은 털로
덮여 있어서
모래 위를 걸을 때,
피부의 화상을
방지한다.

열 손실
귀의 넓은 표면은 몸에서 열을 발산하는데 도움이 된다.
또한 페넥여우는 헐떡거림으로 체온을 낮춘다.

암컷은 수컷이 새끼들에게
가까이 가는 것을 허락하지 않는다.

시베리안허스키
Siberian Husky

생태 정보
무게: 16~27.5kg
길이: 50~60cm
성 성숙: 6~12개월
암캐는 매년 두 차례의 발정기를 가진다.
임신 기간: 63일
새끼 수: 보통 6마리
젖떼기는 42~56일에 시작
먹이: 잡식성.
높은 에너지 욕구를 충족하기 위해 보통 지방이 풍부한 고기를 먹지만, 채식 위주로 먹더라도 건강한 상태를 유지할 수 있다.
수명: 보통 11~12년

썰매개는 북극 지역 사람들의 생활에 중요한 역할을 해왔다. 아마도 다른 어떤 품종보다도 가장 소중한 존재일 것이다.

알래스카의 시베리안허스키는 1925년 1월에 많은 생명을 구했다. 끔찍한 기상 상태로 놈(Nome) 마을이 고립되고, 지역 주민들에게 디프테리아가 창궐했을 때였다. 썰매를 끄는 시베리안허스키가 5일 동안 교대로 1085km를 달려 30만 회 분의 항독소를 마을로 전달해 많은 사람들의 생명을 구해 낸 것이다. 이로 인해 대재앙은 피했고, 이 일을 기념하여 아이디타로드 개썰매경주가 1967년 이래로 매년 열리고 있다.

세계 어느 곳에?
시베리안허스키는 시베리아의 추크치 족에 의해 사육되었으나, 1800년대 후반 동안 많은 시베리안허스키가 알래스카로 유입되었다.

얼마나 클까?

꼬리
앞쪽으로 말린 꼬리는 극북 지역에서
유래한 스피츠 품종의 특징이다.

눈 색깔
이 품종은 갈색이 아닌
밝은 파란색의 눈이
종종 있다.

뒷다리
뒷다리는 근육이 잘 발달하여
썰매를 끄는 힘을 제공한다.

털
털은 2겹으로 이루어져 있는데,
긴 보호 털과 피부 바로 옆에
따뜻한 공기를 가두는
두껍고 빽빽한 밑털이 있다.

짝짝이 눈
색이 서로 다른 눈을 가진
(오드아이, Odd-eye) 개체들이 있다.

체온을 유지하기 위해
몸을 웅크리고 잔다.

썰매 끌기
시베리안허스키는 강한
위계질서를 가지고 있으며,
무리의 리더가 썰매 끌기에서
중요한 역할을 한다.

47

치타
Cheetah

생태 정보
무게: 40~65kg
길이: 199~219cm
높이는 약 90cm
성 성숙: 암컷은 1~2년
수컷은 1년
임신 기간: 90~98일
새끼 수: 평균 3~5마리
(최대 9마리)
젖떼기는 90일경 시작
먹이: 육식성.
종종 가젤을 먹이로 삼고 때때로 다른 초식동물들을 먹기도 한다.
수명: 야생에서 1~12년
사육되어 최대 20년

치타는 지구상에서 가장 빠른 육상 포유동물이다. 먹잇감을 쫓을 때 시속 최대 120km의 속도로 단거리를 전력질주 할 수 있다.

치타는 놀라운 가속도를 발휘하는 전문화된 근육을 가지고 있어, 서서 출발해서 단 세 걸음만에 시속 64km의 속도까지 낼 수 있다.
호흡률은 분당 60회에서 최대 150회로 증가하고, 큰 심장은 산소가 포함된 혈액을 몸 전체로 보내게 된다.

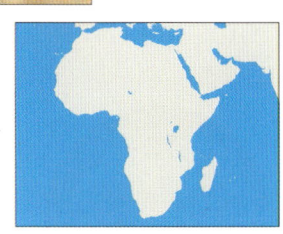

세계 어느 곳에?
현재 아프리카 남부 및 동부 지역, 특히 나미비아, 보츠와나, 케냐 그리고 탄자니아에서 주로 발견된다. 아프리카 북부에는 드물다. 이란의 북부, 아시아에도 살아있다.

얼마나 클까?

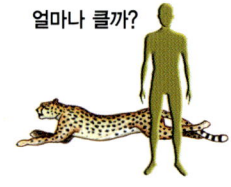

눈
큰 눈은 전방을 주시하며,
높은 정확도로
먹이의 위치를 결정한다.

천연색
색은 황갈색부터
담황색까지 다양하다.
몸의 밑면은 하얗다.

무늬
같은 무늬를 가진 치타는
하나도 없다. 반점은
지름이 최대 5cm에 이른다.

꼬리
꼬리의 반점들은
합쳐져서
고리 모양을 만든다.

앞으로 쭉 펴기
치타의 척추는 매우 유연하여,
한 걸음에 700~800cm의 보폭을 제공한다.

다른 고양이들과 달리,
치타의 발톱은 집어넣을 수 없다.

# 카라칼
Caracal(Persian Lynx)

생태 정보
무게: 11~20kg
수컷이 더 무겁다
길이: 80~140cm
높이는 약 50cm 정도
성 성숙: 약 21개월
임신 기간: 63~75일
새끼 수: 평균 2~3마리,
(최대 6마리)
젖떼기는 약 45일경 시작
먹이: 육식성.
다양한 종류의 작은 포유류뿐
아니라 새와 도마뱀을
잡아먹는다.
수명: 야생에서 11~12년
사육되어 17년

이 야생 고양이는 귀에 있는 검은 털 다발 덕분에 터키어 카라쿨카(karakulka)에서 유래한 '검은 귀' 라는 이름을 얻었다.

카라칼은 고양이치고는 놀랍게 민첩하다. 작은 새를 잡기 위해 수직으로 점프할 수 있으며, 또한 자신들보다 두 배 더 큰 영양을 제압할 만큼 힘이 세다.
위협을 느끼면, 안전한 곳으로 기어올라갈 수 있다.
카라칼의 행동은 '비둘기 사이에 고양이 두기' 라는 말을 설명할 만큼 민첩하여 카라칼을 길들였다던 인도 통치자들은 카라칼이 한 번의 도약으로 얼마나 많은 비둘기들이 떨어지는지 내기를 걸기도 했다고 한다.

세계 어느 곳에?
사하라 지역과 중앙의 우림 지역을 제외한 아프리카에 광범위하게 분포하며, 아라비아 반도를 거쳐 터키 그리고 동쪽으로 아시아를 지나 인도까지 분포한다.

얼마나 클까?

체격
카라칼은 상당히 호리호리한 몸과 긴 다리를 가지고 있다. 뒷다리는 앞다리보다 더 길다.

귀
귀의 털 다발은 소리의 위치를 찾아내는데 도움이 되는 것으로 추정된다.

털
털은 적갈색이며 짧고 두껍다.

비행 중에 잡히다
카라칼의 민첩함 덕분에 날고 있는 새들을 잡을 수 있다.

잠잘 준비
바위 아래서 휴식을 취하고 있는 카라칼. 이 고양이는 낮이나 밤에 모두 활동적이며, 천성적으로 단독 생활을 한다.

귀의 털 다발은 카라칼의 기분 상태를 나타내기도 한다.

고양이
Domestic Cat

생태 정보
무게: 2.5~7kg
수컷이 더 무겁다.
길이: 꼬리 포함 91~114cm
꼬리 길이가 30cm 정도
성 성숙: 암컷은 약 4~10개월
수컷은 5~7개월
임신 기간: 63~65일
새끼 수: 평균 3~5마리
젖떼기는 45일쯤 시작
먹이: 육식성.
설치류, 작은 새와 무척추동물을 사냥한다.
수명: 보통 15~17년
(예외적으로 36년까지 사는 경우도 있다.)

고양이는 전 세계적으로 인기 있는 애완동물이면서도 설치류의 개체수를 억제하는 수단으로서도 가치가 있다.

고양이의 가축화는 9500년경 전에 시작되었다. 지난 세기까지의 모든 가축 고양이 혈통은 아프리카의 야생 고양이로부터 내려왔지만 20세기 후반에는 사육자들이 고양이들을 더 작은 야생 동족들과 이종교배를 시켜 이들의 독특한 무늬를 이전시켰다. 지금의 고양이들이 유기되어 야생생활로 돌아간다면 고양이들의 포식 습성 때문에 아마도 그 지역의 야생 생태에 분명 영향을 미칠 것이다.

세계 어느 곳에?
고양이의 가축화는 이집트 근방에서 시작되었으며, 그 후 아시아 그리고 북쪽으로는 배로 이동해 유럽에 소개되었다.

얼마나 클까?

눈 색깔
눈은 매우 가변적인
특징을 가진다.
파란색부터 녹색 색조에서
구릿빛까지 다양하다.

M자 모양의 무늬
이마의 중앙 부분에는 M자 무늬가
있으며, 이 표시는 얼룩무늬 고양이
품종을 구별시켜 주는 특징이다.

고등어 얼룩
고양이 몸의 양쪽
측면에 있는
좁은 줄무늬에 의해
구별할 수 있다.

꼬리 무늬
모든 얼룩 고양이들은 꼬리에
짙은 고리 무늬들이 있는데
꼬리 끝 부분은 짙은 색으로 끝난다.

얼굴의 특징들은 고양이의
기분상태를 나타낸다.

색깔의 다양성
많은 다양한 품종의 얼룩무늬
고양이들이 있다.
거북딱지 얼룩고양이는
'토비(tortie, 토르비라고도 부름)' 라고
알려져 있다.

유라시안스라소니
Eurasian Lynx

생태 정보
무게: 8~38kg
길이: 꼬리 포함 91~155cm
성 성숙: 암컷은 21개월
수컷은 33개월
임신 기간: 63~70일
새끼 수: 1~5마리
먹이: 사슴, 야생 돼지,
샤모아를 먹고 새나 토끼,
설치류를 사냥하기도 한다.
수명: 야생에서 7~9년
(사육되어 21년 이상 산 것도 있다.)

적응력이 높은 종인 유라시안 스라소니는 야생 고양이과 중에서 가장 넓게 분포하였지만 유럽의 개체수가 점점 줄고 있다.

유라시안스라소니는 광범위한 환경에서 만날 수 있다. 일반적으로 낮 동안에는 숨어 있고 어둠을 틈타 나온다. 적당한 숨을 장소를 쉽게 찾을 수 있는 산림 서식지를 선호하는 경향이 있으나, 나무가 없는 툰드라 지역에서도 발견된다. 스라소니는 흔히 사냥감을 잠복해서 기다리는 인내심 있는 사냥꾼이지만 목숨을 빼앗기 위해 단거리를 전력질주할 수도 있다. 쌍들은 번식기에 모이며 수컷은 더 커서 알아보기 쉽다.

세계 어느 곳에?
스칸디나비아로부터 아시아 북동부에서 발견되며, 특히 시베리아에 흔하다. 피레네 산맥과 바바리아를 포함한 유럽의 산림지역에 재도입되었다.

얼마나 클까?

귀
삼각형 귀의 끝 부분에 있는 검은색 긴 털 다발은 이 종의 특징이다.

목
목 주위 털은 더 길며, 특히 겨울에는 목도리 같은 모양을 만든다.

꼬리
꼬리는 짧고 끝 부분이 검은 털로 덮여 있어 눈에 띈다.

털
무늬는 다양하다. 어떤 것들은 반점보다 줄무늬가 있는 반면, 다른 것들은 무늬가 없는 털을 가지고 있다. 몸 아랫부분은 색이 더 연하다.

스라소니 공격
유라시아 스라소니들은 종종 가축을 공격하여 비난 받으나, 보통은 산토끼 같은 야생 동물들을 사냥한다.

유라시아 스라소니의 발은 비교적 크다.

모래고양이
Sand Cat

생태 정보
무게: 2~3kg
길이: 67~92cm
높이는 약 25cm
성 성숙: 약 14개월
임신 기간: 59~66일
새끼 수: 평균 4~5마리,
(최대 8마리)
90일경 젖을 뗀다.
먹이: 육식.
날쥐 같은 사막 설치류를 주로 먹고 산다. 또한 새, 도마뱀, 무척추동물들도 먹는다.
수명: 야생에서 6~7년
사육되어 최대 13년

모래고양이는 서식지에서 기온이 더 시원할 때, 어둠을 틈타 사냥하기 위해 굴에서 나오기 때문에 관찰하기가 쉽지 않다.

이 작은 고양이들은 크기도 작고 자연 지형에 몸을 숨기기에 좋은 색깔을 가졌을 뿐만 아니라 사막에서도 발바닥을 덮는 긴 털 덕분에 뜨거운 모래 위를 걸을 수 있다. 이 종은 많은 고양이들보다 텃세가 덜하고 비교적 조용한 본성을 가진 것으로 보여 수컷들은 사실상 굴을 공유한다. 반면 암컷들은 혼자 다니며 혼자 출산한다.

세계 어느 곳에?
북아프리카의 사하라 사막 지역, 중동과 아라비아 반도를 지나 투르크메니스탄, 카자흐스탄과 파키스탄까지의 모래사막에 산발적으로 분포한다.

얼마나 클까?

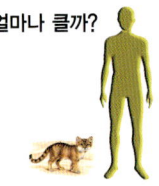

귀
귀는 크고 낮게 위치해 있다. 인간의 귀에는 들리지 않는 설치류들의 초음파 울음소리를 감지할 수 있다.

천연색
털은 엷은 갈색이며 불그스름한 무늬와 검은 무늬가 모두 있다.

윤곽
이 고양이는 낮게 자리잡은 몸과 넓은 머리, 큰 코가 있다.

무늬
줄무늬가 눈에서부터 뒤로 확장되고 등 위에 짙은 색 부분이 있다. 꼬리에는 고리무늬가 있다.

위험한 삶
독사뿐만 아니라 맹금류와 늑대를 포함하여 다양한 종들이 모래고양이를 먹이로 삼는다.

고요와 속도는 사막 설치류들을 잡는데 필수적이다.

유럽살쾡이
European Wildcat

생태 정보
무게: 3~8kg
길이: 꼬리 포함 75~138cm
높이는 약 40cm
성 성숙: 6~12개월
임신 기간: 63~68일
새끼 수: 평균 2~4마리,
(최대 8마리)
80일경 젖을 뗀다.
먹이: 육식.
다양한 작은 먹잇감을
사냥한다.
수명: 8~10년(최대 15년)

유럽살쾡이의 분포 범위는 최근 몇 년 동안 급격히 축소되었다. 조심성이 많은 종이어서 인간에게 좀처럼 발견되지 않는다.

이 살쾡이들은 주로 설치류나 새들을 잡아먹는다. 비교적 탁 트인 시골에서 나타나는 스코틀랜드 개체는 토끼와 산토끼들도 사냥하기 때문에 사냥터 관리인들에게 심하게 박해를 받았다. 하지만 오늘날 생존의 가장 큰 위협은 쉽게 이종교배하는 가축 고양이이다. 과학자들은 스코틀랜드 살쾡이 여덟 마리 중 일곱 마리는 가축 고양이의 유전자를 가지고 있다고 말한다.

세계 어느 곳에?
이베리아 반도, 지중해를 따라 터키와 카프카스 산맥까지의 삼림 지역들에 한정된다. 독립된 개체가 스코틀랜드에 나타난다.

얼마나 클까?

천연색
털 색깔은 청회색에서 짙은 갈색까지 다양하며 얼룩무늬가 있다.

머리
머리는 넓고 강력한 턱이 있다. 하얀 털이 턱 주위에서부터 목 아래로 이어진다.

꼬리
꼬리는 보통 가축 고양이보다 더 짧고 더 두껍다.

발
발가락이 네 개뿐이다. 모든 고양이들의 발톱은 껍질로 보호된다.

야성을 나타내다
유럽살쾡이와 비교하여 얼룩무늬가 있는 가축 고양이(위). 유럽 종은 아프리카살쾡이의 후손이다.

유럽살쾡이들은 매우 공격적일 수 있다.

오실롯
Ocelot

생태 정보
무게: 11.5~16kg
길이: 꼬리 포함 80~145cm
성 성숙: 2년
임신 기간: 79~85일
새끼 수: 2~4마리
먹이: 설치류와 기타 생물체들, 심지어 바다거북과 물고기도 먹는다. 큰 사냥감에는 페커리와 작은 사슴이 포함된다.
수명: 야생에서 5~7년
사육되어 20년 이상

이 작은 고양이들은 나무 오르기에 적합하며 좋아하기도 한다. 그래서 분포 범위에 걸친 삼림 지역에서 주로 발견된다.

천성적으로 단독 생활을 하는 오실롯은 야행성이어서 관찰하기가 쉽지 않다. 과거에는 아름다운 털 때문에 무분별하게 사냥되었었지만 야생동물 보호조치 덕분에 분포 범위 몇몇 지역들에서는 그 수가 증가해 왔다. 오실롯은 낮 동안에는 격리된 환경을 선호하여 숨을 곳을 찾으며 햇빛이 있는 시간에 땅 위의 초목 속에서 잠을 자거나 나무 위 나뭇가지에 누워 즐기기도 한다.

세계 어느 곳에?
미국 남부에서 중앙아메리카를 거쳐 아래로 남아메리카의 아르헨티나 북부 지역들까지 광범위한 지역에서 나타난다. 안데스 산맥의 동부에서도 발견된다.

얼마나 클까?

몸 무늬
넓은 로제트형(장미 모양) 무늬가 몸통에 집중되는 경향이 있다.

다리
반점 무늬는 다리에 국한되는 경향이 있다. 발 자체는 강하고 오실롯이 쉽게 기어오르도록 돕는다.

아랫부분
몸의 아랫부분의 바탕색은 대게 옆면보다 더 연하다.

사냥 습관
오실롯은 나무에서, 땅에서 그리고 심지어 물속에서도 먹이를 사냥한다. 설치류는 이들이 선호하는 사냥감이다.

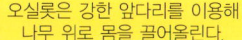

오실롯은 강한 앞다리를 이용해 나무 위로 몸을 끌어올린다.

서벌
Serval

생태 정보
무게: 8~18kg
길이: 꼬리 포함 91~145cm
높이는 최대 65cm
성 성숙: 12~24개월
임신 기간: 66~77일
새끼 수: 평균 1~3마리, (최대 5마리)
젖떼기는 120~180일에 시작
먹이: 육식성.
다양한 종류의 설치류, 개구리, 작은 물고기들을 잡아먹는다.
수명: 평균 10~12년 (최대 20년)

끈기가 많은 야생 고양이들의 사냥 습성을 대표하는 서벌은 사냥할 때조차 소리에 귀기울이면서도 눈을 감고 휴식을 취하는 것처럼 보인다.

서벌은 초원 지대에서 발견되며 특히 탄자니아의 옹고롱고로 산에 많다. 이들은 전문 사냥꾼으로 두 번의 공격에 한 번은 성공할 수 있어 다른 야생 고양이들보다 성공률이 훨씬 크다. 주로 큰 동물들보다는 설치류를 사냥한다. 키와 예리한 청력으로 먹잇감을 감지하며 위에서 확 덮친다. 때때로 얕은 물에서도 사냥한다.

세계 어느 곳에?
사하라 사막의 남부, 중부 우림 지역 밖과 아프리카 남부 지역들에 광범위하게 분포한다. 이제는 아프리카 대륙의 북서부에서는 거의 멸종되었다.

얼마나 클까?

머리
머리는 상당히 작으나
큰 귀와 긴 목을
가지고 있다.

꼬리
꼬리는 다리와 비교할 때
매우 짧고 끝이 까맣다.

반점
반점은 검정색이고
매우 큰 편이며,
등 위에서 합쳐져
줄무늬를 만든다.

다리
서벌은 몸 크기에 비해
야생 고양이 중
가장 키가 크다.

귀의 무늬는 뒤에서 보면
매우 독특하다.

도망할 길이 없는

서벌은 풀밭에서 설치류를 감지할 수 있을 뿐만 아니라
땅속에 숨어 있는 것들도 찾아낼 수 있다.
이들은 주로 설치류를 파내는 데 성공한다.

보브캣
Bobcat

생태 정보
무게: 7~14kg
수컷이 더 무겁다.
길이: 꼬리 포함 70~120cm
높이는 약 38cm
성 성숙: 1~2년
임신 기간: 63~70일
새끼 수: 평균 2~4마리,
(최대 6마리)
젖떼기는 60일경에 시작
먹이: 육식성.
다양한 먹잇감, 특히 토끼를 사냥한다.
수명: 최대 16년
사육될 때는 야생의 두 배

많은 야생 고양이들과 달리 보브캣의 꼬리가 짧은 것은 나무를 타기보다 땅에서 생활하는 것을 선호한다는 것을 나타내 준다.

보브캣은 매우 적응력이 강하다. 이들이 발견되는 다양한 지역은 매우 건조한 전원지대나 습지대, 외딴 지역이나 도시의 변두리다. 먹이 습성은 기회주의적이어서 곤충에서부터 사슴까지 무엇이든 먹는다. 이들은 외모도 다양한데 12개의 품종이 광범위한 분포구역 전역에서 발견된다. 단독생활을 하는 보브캣은 냄새와 나무에 할퀸 자국을 남김으로써 영역을 표시한다.

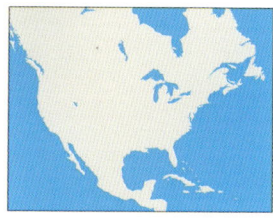

세계 어느 곳에?
캐나다 남부에서 아래로 미국의 대부분 지역을 거쳐(중북동부 지역은 제외하고) 바하 캘리포니아와 멕시코 대부분의 지역으로 확장된다.

얼마나 클까?

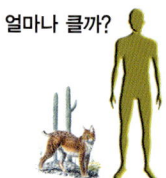

꼬리
꼬리는 겨우 10cm 길이이고
밑면은 하얗다.

귀
귀는 높고 뾰족하다.
귀 끝에는 작고 검은
털송이가 있다.

다리
뒷다리는 앞다리보다 긴데
이것은 보브캣 특유의
까닥거리는 걸음걸이의
이유가 된다.

천연색
바탕색은 회색빛을 띠는 갈색에서
황갈색까지 다양하다. 반점 무늬는
개체에 따라 매우 다양하다.

보브캣의 눈(왼쪽)은
살쾡이의 눈(오른쪽)보다 더 노랗다.

분명한 소문
이런 식으로 긁는 것은
보브캣의 발톱을 날카롭게 하며
보브캣의 존재에 대한
시각적 지표로 남는다.
그리고 냄새로 영역 표시를
확실히 한다.

65

구름무늬표범
Clouded Leopard

생태 정보
무게: 16~23kg
길이: 꼬리 포함 115~200cm
성 성숙: 2~3년
임신 기간: 86~93일
새끼 수: 1~5마리
먹이: 나무에서 원숭이와 새를 사냥한다. 또한 땅에서는 사슴, 물소, 심지어 고슴도치도 잡아먹는다.
수명: 7~10년 예상
사육되어 최대 17년

삼림 지역에서 발견되는 큰 고양이들 중 가장 알려지지 않은 동물 중 하나인 **구름무늬표범**은 그 크기에도 불구하고 매우 민첩하며 잘 기어오른다.

구름무늬표범의 윗턱에는 고양이과의 다른 구성원들보다 상당히 큰 송곳니가 있으며 목의 후두 근처에 있는 설골은 연골이 아니라 뼈로 만들어져 있다. 작은 고양이들처럼 가르랑 소리를 내지 못하기 때문에 으르렁거림으로 의사소통한다. 새끼는 약 6개월이 될 때까지 어른보다 더 두드러진 무늬를 갖는데 이따금 검은 색소 과다증의 개체들도 나타난다. 삼림 개간과 사냥 때문에 구름무늬표범의 상황은 점점 취약하기만 하다.

세계 어느 곳에?
동남아시아의 네팔과 중국 남동부에서 말레이시아 반도를 거쳐 대만, 하이난, 보르네오, 수마트라를 포함하는 섬들에 나타난다.

얼마나 클까?

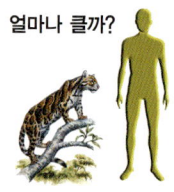

얼룩무늬
구름무늬표범의 속명은 털에 있는 검은 반점이 구름을 닮아서 만들어졌다.

다리와 발
다리는 매우 다부지며 넓은 발이 있다. 단단한 발바닥은 상처로부터 발의 밑면을 보호한다.

성장
새끼 구름무늬표범은 생후 12일이 지나야 눈을 뜬다. 10주 후에 단단한 음식을 먹기 시작한다.

꼬리
구름무늬표범의 긴 꼬리는 한 나뭇가지에서 다른 가지로 도약할 때 균형을 맞추는데 중요하다.

사자
Lion

생태 정보
무게: 150~250kg
길이: 260~360cm
성 성숙: 3~4년
임신 기간: 100~119일
새끼 수: 1~6마리
먹이: 무게가 50~300kg
나가는 동물들, 특히 누, 물소, 얼룩말
수명: 7~10년
사육되어 최대 30년

사자는 고양이과 중에서 성체의 외모 면에서 암수가 현저하게 다른 유일한 동물이다. 암컷은 암사자(lioness)로 알려져 있다.

흔히 동물의 왕이라고 불리는 사자는 큰 고양이과 중에서 가장 독특하다. 천성적으로 사회적이고 프라이드(pride, 사자의 무리)라 불리는 무리를 지어 산다. 암사자들은 간교한 속임수와 힘을 합하여 공동 사냥으로 자신들보다 훨씬 큰 생명체를 제압한다. 이들은 대게 서로 연결되어 있으나 새끼 수사자들은 충분히 힘이 세질 때까지 무리를 떠나 단독 생활을 한다. 아시아에서의 개체군은 멸종 위기에 있고 그밖의 다른 곳에서도 감소 종으로 간주된다.

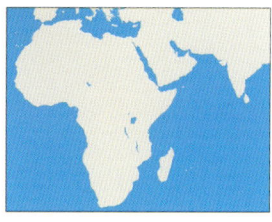

세계 어느 곳에?
이제는 아프리카의 사하라 사막 남부, 특히 아프리카 대륙의 동쪽에 국한되어 있다. 또한 인도 구자라트 주의 기르 숲(기르 보호구역)에도 나타난다.

얼마나 클까?

갈기
얼굴을 둘러싸고 가슴까지
이어지는 이 긴 털 부분은
다 자란 수컷 사자의 특징이다.

천연색
갈기는 나이가 듦에 따라
짙어지는 경향이 있다.
늙은 사자들에게서는
주로 검정색이 된다.

눈
사자는 예리한 시력을 가지고 있어
서식지의 풀 속에 위장해 있는
먹잇감을 발견할 수 있다.

꼬리
사자 몸의 털은 비교적 짧지만
꼬리의 끝은 까맣고
긴 털로 되어 있다.

위태로운 사자 무리
수컷들은 암사자의 무리를 이끌
권리를 위해 싸운다.
갈기는 심각한 부상으로부터
보호해 주는 역할을 한다.

만약 새로운 수컷이 무리를 인수하면
새끼 사자들은 죽임을 당할 수 있다. 이것은
암사자들이 새로 온 수컷과 더 빨리 짝짓기하게 한다.

재규어
Jaguar

생태 정보
무게: 36~160kg
길이: 155~265cm
성 성숙: 3~4년
임신 기간: 93~105일
새끼 수: 1~4마리
먹이: 페커리, 맥, 캐피바라를 포함하는 포유동물들, 또한 물고기, 바다거북, 악어류도 잡아먹는다.
수명: 야생에서 10~12년 사육되어 최대 22년

대부분의 대형 고양이과 동물들처럼 광범위한 분포 범위에도 불구하고 재규어의 개체군 밀도는 현저히 낮다. 평균적으로 25km² 당 겨우 한 마리 꼴이다.

재규어는 대형 고양이과 동물 일족에서 신대륙에 있는 유일한 동물이다. 재규어들이 한때 미국의 남부(현재의 플로리다) 지역에 존재했었다는 것은 화석을 통해 알 수 있다. 이들이 종종 소를 먹이로 삼기 때문에 목장에 출몰하기도 하고 사람을 공격했다는 이야기가 있지만 식인동물로 확인된 것은 아니다. 재규어 종은 감소하고 있지만 더 이상 털 때문에 상업적으로 사냥되지는 않기 때문에 멸종의 위기는 벗어났다.

세계 어느 곳에?
현재의 분포 범위는 중앙아메리카에서 아래로 남아메리카의 북부 대부분 지역을 거쳐 아르헨티나의 가장 북쪽까지 확장된다.

얼마나 클까?

털
꼬리는 검정색 가로줄 무늬가 있고, 끝 부분은 검정색이다. 까만 중심점이 있는 매우 독특한 로제트 무늬(장미 모양)가 몸에 뚜렷하다.

뒷다리
강력한 근육이 있어 빨리 달릴 수 있을 뿐 아니라 어려움 없이 헤엄치고, 점프하고, 기어오를 수 있다.

입
강인한 턱이 있어 바다거북과 거북 같은 먹잇감의 껍질을 부술 수 있다.

사냥 기술
재규어는 종종 물 근처에서 사냥을 한다. 위에 걸쳐진 나뭇가지로부터 먹잇감으로 뛰어내려 희생자의 허를 찌른다.

재규어(위)는 때때로 표범(아래)과 혼동될 수 있다. 하지만 재규어의 머리 모양이 더 둥글다.

표범
Leopard

생태 정보
무게: 37~90kg
길이: 150~300cm
성 성숙: 3~4년
임신 기간: 90~105일
새끼 수: 1~6마리,
보통은 2~3마리
먹이: 누와 사슴 같은 커다란
포유동물들을 사냥하고
비비와 원숭이들도 잡는다.
먹이가 부족할 때는 곤충 같은
더 작은 먹잇감도 찾는다.
수명: 야생에서 8~10년
사육되어 23년 이상

흑표범은 검은 색소 과다증의 변종으로 검은 털을 가지고 있으나 밑에 있는 독특한 표범무늬 반점은 여전히 보인다.

표범의 바탕색은 서식지에 영향을 받기 때문에 반건조 지역에 나타나는 것들은 더 옅은 노란색인 반면 흑표범들은 삼림 지역에서 만나기 쉽다.
표범은 단독 생활을 하는 동물이지만 수컷은 암컷이 새끼 키우는 것을 돕는다. 궁지에 몰리면 사람에게도 위험할 수 있다.

세계 어느 곳에?
아프리카 사하라 사막의 남부 전체에 광범위하게 나타나며 북서부에는 독립된 개체군이 있다. 또한 중동과 아시아 남부 전역에도 분포한다.

얼마나 클까?

귀
표범은 예리한 청력을 가지고 있어 덤불에 숨어 있는 작은 먹잇감의 위치까지 찾아낼 수 있다.

반점
표범의 로제트 무늬(장미 모양) 안쪽 부분은 일반적으로 주변의 바탕색보다 더 진하다. 사지의 아래쪽에 검은 반점이 나타나고 몸의 아랫부분에는 얼룩이 있다.

꼬리
꼬리의 끝쪽으로 미완성의 넓은 검정색 줄무늬가 뚜렷하다. 꼬리 끝은 대게 검정색이다.

표범은 다양한 환경에서 발견될 수 있다.

식품 저장실 만들기
표범은 먹잇감을 죽인 후, 청소 동물들을 피하려고 먹이를 나무 위로 끌고 올라간다.

시베리아호랑이
Siberian Tiger

생태 정보
무게: 암컷은 100~180kg
      수컷은 167~220kg
길이: 꼬리 포함 290~320cm
높이는 최대 119cm
성 성숙: 3년
임신 기간: 90~105일
새끼 수: 평균 3~4마리
(최대 6마리)
젖떼기는 90일에 시작
먹이: 육식성.
큰 먹잇감을 선호한다.
수명: 10~12년(최대 23년)

시베리아호랑이는 고양이과 중에서 가장 큰 동물이며 9개 품종의 호랑이들 중에서도 가장 크지만 불행하게도 멸종되어 가고 있다.

사냥의 압박 때문에 이 호랑이들의 수는 지난 세기 동안 멸종의 위기까지 닥쳤었다. 1922년 남한에서 사멸되었고 북한에서도 사실상 멸종되었으며 중국에 고작 12마리 정도 남아 있던 것이 불굴의 보호 노력 덕에 이제 약 500마리 정도가 러시아에 남아 있다.
다 자란 시베리아호랑이는 곰을 쉽게 제압할 수 있을 정도로 힘이 세지만 이들은 붉은사슴이나 멧돼지를 주로 사냥한다.

세계 어느 곳에?
중국 북동부, 몽고와 러시아의 일부 지역, 한반도에 살았었다. 이제는 러시아의 아무르-우수리 강 지역에 주로 한정되어 있다.

얼마나 클까?

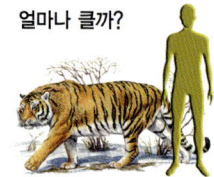

줄무늬
시베리아호랑이의 줄무늬는 덜 분명하고 검정색이기보다 보통 갈색이다.

갈기
시베리아호랑이의 목 주위의 긴 털로 된 견고한 갈기는 겨울에 자란다.

천연색
이 품종은 밝은 주황색이라기보다 금색인 털을 따라 하얀색 털이 접해 있다.

털
털은 매우 빽빽하고 몸 전체에 1평방 센티미터당 약 3천 개의 털이 있다.

독자성
얼굴과 그밖의 몸에 있는 줄무늬는 각 개체에 따라 달라, 서로 구별할 수 있게 해준다.

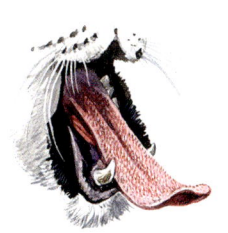

호랑이는 가축 고양이들처럼 처럼 물을 핥아 먹는다.

인도호랑이 (벵골호랑이)
Bengal Tiger

생태 정보
무게: 암컷은 100~180kg
수컷은 167~220kg
길이: 꼬리 포함 275~310cm
높이는 최대 119cm
성 성숙: 3년
임신 기간: 90~105일
새끼 수: 평균 3~4마리,
(최대 6마리)
젖떼기는 90일경에 시작
먹이: 육식성.
큰 먹잇감을 선호한다.
수명: 10~12년(최대 23년)

인도호랑이는 생존한 호랑이 품종 가운데 가장 흔하며 크기 면에서 시베리아 호랑이와도 견줄 수 있다.

호랑이들은 혼자 사냥하면서 단독 생활을 한다. 기회주의적인 사냥꾼이며 큰 사냥감을 좋아하는데 때때로 사람을 공격하는 것으로 알려져 있다. 호랑이들은 밤까지 사냥하는 것을 선호하며 먹잇감의 목 주위를 무는데, 보통 척수 속까지 물어 죽음에 이르게 한다. 이들은 헤엄도 잘 쳐서 종종 물 근처에서 발견되며 높은 암벽도 쉽게 기어오를 수 있다.

세계 어느 곳에?
아시아 남부 품종인 인도호랑이는 인도와 방글라데시 지역들에서 주로 발견된다. 부탄, 네팔, 미얀마(버마)와 티베트의 일부 지역들에서도 발견된다.

얼마나 클까?

천연색
털은 풍부한 색조의
주황빛이 도는 갈색이고
가변적인 검은 줄무늬가 있다.

수염
수염은 근거리에서
감각 자극을 제공한다.

이빨
입꼬리에 있는
날카로운 송곳니는
먹잇감의 척추뼈 사이로
미끄러지듯 들어가
척수를 절단한다.

꼬리
꼬리는 호랑이가 점프할 때
균형을 유지하는데 도움이 되며
거의 1m 길이이다.

호랑이는 매복해서 기다리다가
먹잇감을 향해 뛰어올라
땅으로 떨어뜨린다.

백호랑이
보기 드문 돌연변이 흰인도호랑이는
연한색 줄무늬와 푸른빛이 도는
눈을 가지고 있으나 일반적인
인도호랑이들처럼 얼굴 무늬는
여전히 개체에 따라
매우 다르다.

퓨마
Puma

생태 정보
무게: 암컷은 34~48kg
수컷은 53~72kg
길이: 꼬리 포함 152~274cm
높이는 최대 76cm
성 성숙: 18~36개월
임신 기간: 91일
새끼 수: 평균 2~3마리,
(최대 5~6마리)
젖떼기는 90일경에 시작
먹이: 육식성.
가축을 포함하여 주로 중간 크기의 먹잇감을 사냥한다.
수명: 8~10년 정도
사육되어 최대 20년

퓨마는 쿠거(cougar)와 산사자(mountain lion)를 포함하여 40개 이상의 다양한 이름으로 알려져 있다.

이 야생고양이들은 강력한 뒷다리 덕에 놀라운 점프력을 가지고 있다. 수평으로 최대 12m를 뛸 수 있고, 공중으로 최대 5.5m를 뛰어오를 수 있으며 기어오르기도 잘한다. 이들은 또한 단거리를 시속 최대 55kph의 속도로 전력질주할 수 있다. 퓨마는 아메리카 대륙에서 어떤 육상 동물보다도 더 큰 분포 범위를 가지고 있으나 벤쿠버 지역에서는 사람을 공격하는 것으로 알려져 있다.

세계 어느 곳에?
캐나다 서부에서부터 아래로 미국 서부를 지나(플로리다에는 작은 수의 개체군이 있다), 바로 중앙아메리카를 건너 사실상 남아메리카 전체에 분포한다.

얼마나 클까?

귀
귀는 크고 머리에 높게 위치하고 있어
좋은 시계를 제공한다.

눈
눈은 앞쪽을 향해 있어
먹잇감의 위치를 대단히 정확히
찾아내는데 도움이 된다.

얼굴
얼굴은 동그랗고
목은 매우 근육질이다.

발
각 앞발의 다섯 개의 발톱은
오므릴 수 있어서
점프하거나 기어오를 때
균형을 유지하게 돕는다.

불의의 습격을 당하다
퓨마는 먹잇감-사슴 같은-을 쫓기보다는
매복해서 기다린다. 이들은 이용할 수 있는
어떤 위장이든 이용해 매우 조용히 움직인다.

새끼 퓨마는 털에 반점이 있다.

재규어런디(자가란디)
Jaguarundi

생태 정보
무게: 암컷은 4.4kg
수컷은 5.9kg
길이: 꼬리 포함 88~138cm
높이는 최대 35cm
성 성숙: 약 24개월
임신 기간: 70~75일
새끼 수: 평균 1~4마리,
(최대 6마리)
젖떼기는 42일경에 시작
먹이: 육식성.
설치류와 가축 닭을 포함한
조류뿐 아니라 개구리와
물고기도 잡아먹는다.
수명: 최대 15년

고양이과인 재규어런디는 독특한 외모 때문에 수달고양이라고도 불리며 에이라(eyra, 재규어런디의 적갈색 품종)라고도 알려져 있다.

이 고양이들의 이름에 대한 혼동은 색깔 때문에 발생했다. 원래 색깔 변종들은 별개의 종이라고 생각되어졌다. 모든 빨간색 유형들에게는 에이라(eyra)라는 이름을 붙였고 더 진한 색 유형들에게는 재규어런디라고 이름붙였다. 그리고 유전학 연구학자들은 외모의 차이에도 불구하고 재규어런디가 퓨마와 밀접하게 연관되어 있다는 것을 밝혀냈다. 재규어런디는 종종 나무에서 시간을 보내며 황혼이 가까워지면 사냥을 하러 땅으로 내려온다.

세계 어느 곳에?
텍사스나 아리조나 같은 미국 남부 주들에서 아래로 중앙아메리카와 남아메리카를 지나 아르헨티나 북부까지 범위가 확장된다. 플로리다에도 유입되었다.

얼마나 클까?

머리
머리는 날씬하고
끝이 둥근 작은 귀가 있다.

천연색
여기 보이는 것은 회색빛이 도는
검정색 재규어런디이다.
이 종의 모든 새끼들은
출생시에는 반점이 있다.

다리
다리는 짧지만 힘이 세고
발은 강한 발톱으로
무장되어 있다.

꼬리
꼬리는 매우 길어
고양이 전체 길이의
최대 61cm를 차지한다.

다른 색깔
뚜렷이 구별되는 회색빛을 띠는 검정색과
적갈색 두 가지의 색깔 변종이 있다.

재규어런디는 매우 민첩하다.

눈표범
Snow Leopard

생태 정보
무게: 25~27kg
길이: 꼬리 포함 180~230cm
높이는 최대 61cm
성 성숙: 24개월
임신 기간: 95~100일
새끼 수: 평균 2~3마리,
(최대 6마리)
젖떼기는 180일경에 시작
먹이: 육식성.
야생 양, 사슴, 멧돼지와
설치류, 가축을 잡아먹는다.
수명: 15년
사육되어 최대 20년

천성적으로 단독 생활을 하는 눈표범은 찾기 힘든 종이다. 접근하기 어려운 서식지에 살면서 사냥하는 어떤 것이든 먹이로 삼는다

눈표범은 여름 동안에는 설선 위쪽에서 돌아다니고 겨울 동안에는 더 낮은 고도로 내려와 숲에서 산다. 이들은 털이 발을 덮고 있어 차가운 눈보라의 추위에도 견딜 수 있으며 공처럼 웅크리고 잘 때는 긴 꼬리로 노출된 코와 입을 덮어 혹독한 추위로부터 보호한다.

세계 어느 곳에?
중앙아시아의 산악 지대에 걸쳐 분포한다. 히말라야 산맥과 티베트를 거쳐 중국 북서부 지역까지, 보통 2000~6000m 사이에 서식한다.

얼마나 클까?

눈
매우 예리한 시력은 먹잇감의 움직임을 포착하는데 도움이 된다.

천연색
희끄무레한 황갈색 바탕에 짙은 갈색 반점과 검정색 로제트 무늬(장미 모양)로 덮여 있다.

호랑이 무늬

눈표범 무늬

표범 무늬

돌아다니기
눈표범은 그 크기에도 불구하고 믿을 수 없을 정도로 민첩한 동물이다. 바위 투성이의 노두로 쉽비 될 수 있다.

꼬리
길고 강한 꼬리는 점프할 때 균형을 잡아준다.

인도몽구스
Indian Grey Mongoose

생태 정보
무게: 0.9~1.7kg
수컷이 더 크다.
길이: 꼬리 포함 80~91cm
높이는 최대 75cm
성 성숙: 6~9개월
임신 기간: 60~65일
새끼 수: 평균 2~5마리
젖떼기는 180일경에 시작
먹이: 주로 육식성.
설치류와 파충류를 사냥하고 때때로 가금류를 공격한다.
수명: 야생에서 7~9년
사육되어 최대 11년

**인도몽구스는 독사를 죽이는 능력으로 유명하다.
숲에서부터 경작지까지 다양한 유형의 지역에서 볼 수 있다.**

인도몽구스가 인간의 거주지 근처에서 발견되는 것은 드문 일이 아니다. 이들은 해로운 야생동물과 뱀의 수를 제어하기 때문에 인간 거주지에서 환영받는다. 그러나 먹이 습성에 적응이 빠른 이들이 강둑에 숨겨져 있는 악어둥지를 파내어 멸종위기에 있는 가비알을 훔치기도 하고 또 잘 기어오를 수 있어 새의 둥지를 습격하기 위해 나무에 오르기도 한다. 때때로 과일도 먹고 무척추동물들도 잡아먹는다.

세계 어느 곳에?
사우디아라비아에서 이라크, 이란, 아프가니스탄, 파키스탄을 거쳐 인도 전역과 동쪽으로는 중국 남동부까지 분포한다. 스리랑카에도 살고 있다.

얼마나 클까?

머리
넓은 턱과
매우 작은 귀가 있는 머리는
목으로 합쳐진다.

꼬리
꼬리는 매우 길어
몸의 길이와 맞먹는다.

털 질감
등을 따라 난 털은
몸의 다른 부분의 털보다
훨씬 더 거칠다.

천연색
인디안그레이몽구스(Indian Grey Mongoose)라는
이름과 달리 회색에서 황갈색을 띤 빨간색까지
색이 다양하다.

숨기
인도몽구스는 단독 생활을 하거나
때로 쌍을 지어 사는데
자신의 굴을 선호하므로
탁 트인 곳에서는
좀처럼 보기 힘들다.

미어캣
Meerkat

생태 정보
무게: 0.62~0.97kg
길이: 꼬리 포함 80~91cm
높이는 최대 30cm
성 성숙: 12개월
임신 기간: 77일
새끼 수: 1~5마리
49~63일에 젖을 뗀다.
먹이: 주로 식충성.
애벌레, 번데기, 흰개미,
귀뚜라미와 그 비슷한 것들을
사냥하고 또한 알과 도마뱀,
약간의 식물성도 먹는다.
수명: 야생에서 7~10년
사육되어 최대 12년

천성적으로 사회적인 몽구스과의 이 아프리카 구성원은 무려 30마리 정도의 거처가 되는 큰 굴에 산다.

미어캣 군집 내에는 엄격한 사회 구조가 있어 오직 지배하는 쌍만이 새끼를 낳는데 만약 다른 암컷이 임신을 하면, 그 새끼들은 죽임을 당한다. 미어캣의 굴은 위험이 닥치면 다른 지하 동굴로 도망가기 쉽도록 한 개 이상의 입구를 만들고 무리의 구성원들은 각자 거의 한 시간씩 교대로 무리의 안전을 위해 보초를 서면서 자칼과 야생 고양이 같은 포식자들을 경계한다.

세계 어느 곳에?
아프리카의 남부 지역, 특히 서부에 국한되어 있다. 앙골라와 나미비아에서부터 보츠와나, 남아프리카까지 분포하며 매우 건조하고 탁 트인 전원을 선호한다.

얼마나 클까?

눈
눈은 크고
높이 달려 있어
훌륭한 시계를 제공한다.

머리
두개골은 반구형이고
뾰족한 주둥이가 있다.
반면 귀는 작고 머리의
양 측면에 달려 있다.

아랫부분
아랫부분은 윗부분보다
더 옅은 색조의 회색이다.

우뚝 서기
미어캣은 가능한
위험을 찾을 때
이런 방식으로
일어선다.

강력한 물기
미어캣의 입 안에 있는 날카로운 이빨은
먹잇감인 무척추동물의 질긴 몸을
부술 수 있다.

발은 땅을 파는데 필수적이다.

점박이하이에나
Spotted Hyena

생태 정보
무게: 45~70kg
암컷이 약간 더 크다.
길이: 꼬리 포함 80~91cm
높이는 최대 75cm
성 성숙: 약 3년
임신 기간: 77일
새끼 수: 2마리
14~18개월에 젖을 뗀다.
먹이: 육식성.
흔히 누, 얼룩말과 같은 유제류를 잡아먹으나 죽은 고기도 먹는다.
수명: 야생에서 10~12년 사육되어 최대 25년

점박이하이에나가 흥분하거나 두려워할 때 내는 독특한 낄낄 소리 때문에 '웃는 하이에나'라고도 알려져 있다.

점박이하이에나는 3km 이상의 거리를 시속 50km에 달하는 속도로 먹잇감을 뒤쫓을 수 있다. 이들 암컷의 생식기는 가짜 고환이 있어 수컷의 생식기와 아주 유사해 보이는 특징이 있다. 만약 새끼들의 성별이 같으면 한 마리가 다른 한 마리를 죽인다. 점박이하이에나 젖의 단백질 함유량은 다른 어떤 육지 식육류의 것보다 더 높다. 그래서 새끼들은 젖을 먹지 않고도 여러 날을 살 수 있다.

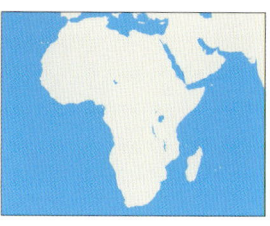

세계 어느 곳에?
아프리카 전역, 사하라 사막 남부, 해안 지역에서 산악지대까지 걸친 서식지에 나타난다.
지금은 과거보다 덜 흔하다.

얼마나 클까?
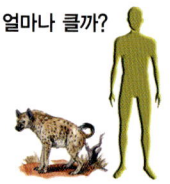

머리와 턱
매우 강한 턱이 두꺼운 목과
긴 털로 이루어진 갈기로 강화된다.

겉모습
털은 거친 질감을 가지고 있으며
반점 무늬는 개체마다 다르다.
나이가 듦에 따라 바탕색이
바래지는 경향이 있다.

윤곽
하이에나는 독특한 곱사등의 외모를
가지고 있다. 몸이 후반신 쪽으로
내리막을 이룬다.

냄새 표시
점박이하이에나는 항문샘에서
매우 독특한 노란색의
기름기 있는 물질을 만들어내서
세력권을 표시하는데 사용한다.

하이에나들은 뼛속까지 물 수 있다.

땅늑대
Aardwolf

생태 정보
무게: 9~14kg
길이: 꼬리 포함 75~110cm
높이는 최대 50cm
성 성숙: 약 2년
임신 기간: 90~110일
새끼 수: 1~5마리, 평균 2~3마리
4개월에 젖을 뗀다.
먹이: 기본적으로 식충성.
주로 흰개미를 먹고 살며
때때로 작은 포유류와
조류를 먹는다.
수명: 야생에서 10~12년
사육되어 최대 15년

땅늑대의 독특한 이름은 아프리카 단어로부터 유래되었으며 그들이 굴을 파는 방식과 연관이 있다.

땅늑대의 먹이 습성은 매우 특이해서 흰개미가 서식하는 초지와 사바나 지역에서만 산다. 앞발의 날카로운 발톱으로 흰개미들의 흙더미를 부수어 열고, 길고 끈적이는 혀를 사용하여 그 안에 있는 흰개미들을 끌어낸다. 한 끼의 식사로 최대 이십만 마리의 흰개미를 먹으나, 절대 군집을 파괴하지는 않고 회복하도록 둔 후 먹으러 다시 돌아온다.

세계 어느 곳에?
아프리카의 넓게 떨어진 세 지역에서 살고 있다. 동쪽으로 아프리카의 뿔 주변, 그리고 남부 전역과 중부 지역이다.

얼마나 클까?

갈기
갈기는 목과 등으로 이어지며 세워져서 땅늑대를 더 무서워 보이게 할 수도 있다.

귀
귀는 커서 먹잇감을 감지하는데 도움이 된다.

다리
앞다리가 뒷다리보다 더 길어서 하이에나과의 몸은 후반신 쪽으로 기울어져 있다.

겉모습
검정색 세로 줄무늬가 몸의 양 측면을 따라 내려온다.

의사소통
땅늑대는 천성적으로 단독 생활을 하지만 그들이 서식하는 지역에 사향 냄새를 남겨서 서로 의사소통한다.

땅늑대는 개별적인 무늬를 보인다.

줄무늬스컹크
Striped Skunk

생태 정보
무게: 1.25~6kg
길이: 꼬리 포함 51~71cm
높이는 최대 25cm
성 성숙: 약 2년
임신 기간: 42~63일
새끼 수: 5~6마리
42일경에 젖을 뗀다.
먹이: 잡식성.
무척추동물과 설치류, 알, 새, 과일, 견과류, 초목과 물고기를 먹는다. 또한 죽은 고기도 먹는다.
수명: 야생에서 6~8년 사육되어 최대 15년

스컹크의 지독한 방귀냄새는 스컹크가 위협을 느꼈을 때 항문의 향샘에서 액체를 분사하여 발생하는 악취다.

스컹크는 다리가 짧아서 빨리 달리지는 못하지만 꼬리를 세우고 등을 동그랗게 구부려서 더 크고 위협적으로 보이게 한다. 그것만으로도 위협에 실패하면 고약한 냄새가 나는 항문 분비물을 상대에게 뿌린다. 분비물이 눈에 들어가면 따가워서 고통스러워하는 동안 스컹크는 굴로 안전하게 도망갈 수 있다. 스컹크들은 최대 3.7m 거리에서 분사할 수 있다.

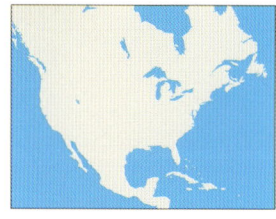

세계 어느 곳에?
북아메리카 전체에 광범위하게 분포하며, 캐나다 남반구에서부터 바로 아래로 미국을 거쳐 멕시코까지 확장된다. 줄무늬스컹크는 전체 분포 범위 전역에서 발견된다.

얼마나 클까?

무늬
넓은 흰색 줄무늬가 머리에서부터 몸의 양 측면으로 이어져 내려오며 가운데 부분은 검정색이다.

꼬리
꼬리는 매우 덥수룩하고 하얀색 털이 있다. 정밀한 무늬는 개체에 따라 다르다.

다리
짧은 다리의 끝에는 물갈퀴가 있는 발가락이 있으며 강력한 발톱이 달려 있다.

머리
머리는 삼각형이고 짧은 털로 덮여 있다. 두 눈 사이에 흰색 줄무늬가 있다.

먹이
스컹크의 먹이는 계절에 따라 달라지며 또한 지역의 영향을 받는다.

분사하고 있는 줄무늬스컹크

93

울버린
Wolverine

생태 정보
무게: 22~36kg
수컷이 더 무겁다.
길이: 82~113cm
높이는 최대 43cm
성 성숙: 1~2년
임신 기간: 약 50일
배아 발달이 수정 직후
바로 시작되지는 않는다.
새끼 수: 2~3마리
젖떼기는 70일경 시작
먹이: 늑대 같은 다른
포식자들의 것을 훔쳐 먹는다.
먹잇감으로는 최대크기인
무스를 사냥하기도 한다.
수명: 야생에서 10~13년
사육되어 최대 18년

힘센 울버린은 족제비과 중에서 가장 큰 동물이며, '대식가' 라는 학명이 말해주듯 뛰어난 사냥꾼이면서 동시에 청소동물이다.

울버린은 '스컹크 곰' 이라고도 불린다. 이는 울버린의 불쾌한 악취 때문인데, 울버린이 사냥한 동물들을 숨기고 지키는데 이 악취가 도움이 된다. 울버린은 매우 넓은 세력권을 가졌는데 수컷의 영역은 최대 620km, 암컷들은 최대 260km에 이른다. 짝짓기는 여름에 일어나지만 태아는 겨울이 되어서야 발달이 시작되어 봄에 새끼들이 태어난다.

세계 어느 곳에?
극지 부근에 나타난다. 북아메리카의 북반구 지역 전역에서 아래로 미국의 서쪽 해안으로 확장되고 유럽과 아시아의 극북 지역 전체에 걸쳐 나타난다.

얼마나 클까?

귀
작은 귀는 털로 단열이 잘 되어 있다.

털
털은 갈색이며 옆구리에 노랗게 탈색된 부분이 있다. 두꺼운 털은 추위로부터 보호해 준다.

이빨
바퀴 모양의 어금니가 각 턱의 뒷부분에 있으며 뼈를 부수고 시체에서 언 고기를 벗겨내는 역할을 한다.

발
발은 어마어마한 발톱으로 무장되어 있다. 발톱은 싸우고 먹이를 갈갈이 찢는데 사용된다.

울버린은 잘 기어오를 수 있다.

강력한 킬러
구세계 울버린은 신세계 울버린들보다 더 자주 사냥해야 한다. 죽은 동물을 먹을 기회가 적기 때문이다.

솔담비 (소나무산달)
Pine Marten

생태 정보
무게: 0.5~2.2kg
수컷이 더 무겁다.
길이: 62~78cm
높이는 최대 15cm
성 성숙: 2~3년
임신 기간: 31일
배아 발달은 수정 7개월 후쯤에 시작된다.
새끼 수: 2~3마리
젖떼기는 49일경에 시작
먹이: 잡식성.
작은 포유동물, 새, 알, 또한 과일도 먹는다.
수명: 6~8년
사육되어 최대 18년

천성적으로 장난기가 많고 포식성인 솔담비는 자신의 존재를 쉽게 숨길 수 있는 침엽수림 지역에서 번성한다.

솔담비는 일부 지역에서 극적인 감소를 겪어 왔다. 원래는 사냥터관리인들의 박해 때문이지만 최근에는 삼림 서식지의 개간 때문이다. 이 담비들은 땅에서 떨어진 나무 구멍이나 오래된 새 둥지에서 잔다. 이들의 민첩성은 고양이처럼 최대 20m 높이에서 떨어질 때 몸을 회전시켜 발로 착지하여 부상의 위험을 줄일 수 있을 정도이다.

세계 어느 곳에?
아일랜드와 스코틀랜드에서 동쪽으로 유럽 북부 지역을 거쳐 남쪽으로 다양한 지중해 섬들까지 분포한다. 또한 러시아와 카프카스 산맥까지 확장된다.

얼마나 클까?

머리
삼각형 귀, 눈에 잘 띄는 수염과
좁고 뾰족한 주둥이

턱받이
크림색의 노란 턱받이가
이 종의 특징이다.

발
발에 있는 털은 몸의 털보다
더 진한 갈색조를 띠고 있다.

털
털은 겨울에 더 짙어지고 더 부드러워져서
고급 의류를 만드는데 사용되며
매우 귀하게 여겨진다.

겨울의 걷기
솔담비의 발가락 아랫면은
겨울에 털로 가려져 있어
눈 위를 쉽게 걸을 수
있게 해준다.

솔담비는 땅에서 떨어져 잔다.

머리를 아래로(머리 먼저)
날카로운 발톱은 솔담비가
숲에서 나무를 기어오르거나
거꾸로 내려올 때 잘 잡을 수
있게 도와준다.

흑담비
Sable

생태 정보
무게: 0.7~1.8kg
수컷이 더 무겁다.
길이: 44~68cm
높이는 최대 20cm
성 성숙: 2~3년
임신 기간: 31일
배아 발달은 전체적으로
200~300일 걸린다.
새끼 수: 1~4마리, 평균 2마리
약 1년 후 젖을 뗀다.
먹이: 육식성.
다람쥐, 생쥐, 새, 물고기를
먹고 산다.
수명: 6~8년
사육되어 최대 18년

흑담비의 털은 의류 가공에 귀하게 쓰인 덕분에 일부 지역에서는 완전히 사라져 버릴 만큼 사냥되었다.

흑담비는 산림지역에 서식하고 천성적으로 단독 생활을 하며 지하의 굴속에 산다. 이들은 습성상 주로 텃세가 강하고 낮 동안 사냥한다. 흑담비는 예리한 시력과 청력이 있어 먹잇감을 찾아내는 데 유리하다. 짝짓기는 여름 동안 일어나고 많은 족제비과 동물들처럼 배아발달은 즉시 시작되지 않는다. 그래서 새끼는 봄에 태어나는데, 봄은 새끼들의 생존을 위한 조건이 가장 양호한 때이다.

세계 어느 곳에?
유럽 북부 지역 전역에 걸쳐 분포한다. 폴란드와 스칸디나비아에서 동쪽으로 러시아를 지나 아시아를 거쳐 중국 일부 지역, 시베리아, 몽고에서 일본까지 나타난다.

얼마나 클까?

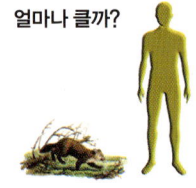

머리
좁은 주둥이는 날카로운 이빨로 무장되어 있어 먹잇감을 재빨리 해치울 수 있다.

천연색
흑담비는 갈색조에서 검정색까지 색이 다양한데 검정색이 모피 산업에서 가장 귀하게 여겨진다.

발
각 발에는 다섯 개의 발가락이 있고, 발톱은 굉장히 날카롭다.

꼬리
꼬리는 털이 많고 길다. 몸길이의 약 1/4 정도 된다.

성장
새끼 흑담비들은 같이 놀며 민첩성과 협동력을 개발한다. 이것은 이들이 독립할 때 생존을 위해 필수적인 것이다.

짙은 색상이 숲 배경 속에 잘 녹아든다.

오소리
Eurasian Badger

생태 정보
무게: 8~12kg
길이: 90cm
성 성숙: 12~15개월
임신 기간: 42~56일
배아 발달은 수정 후 최대
10개월까지 지연되기도 한다.
새끼 수: 보통 2~3마리,
1~6마리에서 변동적이다.
12~20주에 젖을 뗀다.
먹이: 잡식성.
주로 지렁이, 곤충, 작은
생물체 외에도 견과류, 과일,
식물성도 먹는다.
수명: 3~15년
사육되어 19년

이들은 셋(sett, 오소리 굴)이라는 지하 터널들과 큰 방들이 얽혀져 있는 망에서 클렌(clan)이라는 무리를 지어 산다.

오소리는 어둠이 내릴 때 먹이를 찾으러 땅 위로 나온다. 오소리 굴에는 많은 세대의 오소리들이 살고 있는데 각 세대가 자신들의 지하 집을 개조하고 확장한다. 어떤 오소리 굴의 역사는 한 세기 이상을 거슬러 올라간다. 얌전한 외모와는 달리 오소리들은 궁지에 몰리면 매우 공격적이며 이빨과 발톱으로 심각한 상처를 가할 수 있다. 새끼들은 늦겨울에 태어나고 2개월이 지나면 처음으로 굴 밖으로 나간다.

세계 어느 곳에?
영국과 아일랜드, 동쪽으로 유럽 대부분의 지역을 거쳐 남쪽으로는 스칸디나비아에서 아시아까지 분포하며 중국 남부 지역들과 일본까지 확장된다.

얼마나 클까?

줄무늬
검정색과 흰색의 줄무늬가 머리에 나타나며
얼굴의 측면을 따라 목까지 확장된다.

천연색
윗부분은 주로 회색이며
아랫부분은 검정색이다.

다리
굴을 파는 다른 동물들처럼
오소리들도 짧지만
다부진 다리를 가지고 있다.

멀리까지 굴 파기
오소리 굴은 놀라운 공학 작품이다.
보통 입구 주위에 나지가 나타나며
삼림지역에 위치해 있다.

오소리는 발톱에 의지하여 은신처를 위해,
때로는 먹이를 숨기기 위해 땅을 판다.

꿀오소리(라텔)
Honey Badger

생태 정보
무게: 5.5~14kg
수컷이 더 무겁다.
길이: 76~132cm
높이는 최대 30cm
성 성숙: 2~3년
임신 기간: 42~56일
북부 지역에서는 배아 발달이 수정 직후에 시작되지 않는다.
새끼 수: 1~4마리, 평균 2마리
약 1년 후 젖을 뗀다.
먹이: 주로 육식성.
곤충, 물고기, 파충류, 양서류와 최대 영양 크기의 포유류를 잡아먹는다.
수명: 3~11년
사육되어 최대 26년

이름과 달리 먹이 습성이 매우 기회주의적인 꿀오소리는 광범위한 범위의 다양한 서식지에서 발생한다.

꿀오소리들은 놀랍게도 새와의 동업으로 야생벌의 둥지를 찾아낼 수 있다. 꿀오소리가 큰 꿀잡이새들을 따라가면 이 큰꿀잡이새들이 벌집의 위치를 알려준다. 꿀오소리는 벌집의 둥지를 공격해서 일단 먹기를 끝내면, 꿀잡이새가 돌진하여 밀랍과 벌의 유충을 먹는다. 그러나 꿀오소리들은 먹이를 사냥하거나 죽은 고기를 먹을 때가 더 많다.

세계 어느 곳에?
사하라 사막 지역을 제외한 아프리카 대부분의 지역, 아라비아반도를 지나 동쪽으로 아시아의 남부 지역들을 거쳐 투르크메니스탄과 인도 아대륙으로 확장된다.

얼마나 클까?

털과 꼬리
두껍고 빽빽한 털은
성난 벌들이
꿀오소리를 쏘는 것을
방지하는데 도움이 된다.
꼬리는 상대적으로 짧다.

눈, 코, 귀
눈과 귀는 작은 반면
코는 넓다.

발톱
길고 날카로운 앞발톱으로
벌집에 쉽게 접근할 수 있다.

앞발의 발톱은
길이가 4cm이다.

단호한 성격
꿀오소리는 세상에서
가장 겁 없는 동물로 불리는데,
보통 자기보다 훨씬
큰 동물들을 위협하기
때문이다.

103

유럽족제비
Polecat

생태 정보
무게: 0.7~1.7kg
수컷이 더 무겁다.
길이: 47~70cm
성 성숙: 12개월
임신 기간: 40~42일
짝짓기는 2월과 6월 사이
새끼 수: 5~8마리
젖떼기는 약 4주에 시작
먹이: 주로 육식성.
작은 포유동물들, 특히 흑쥐,
토끼, 쥐 그리고 개구리와
두꺼비를 사냥한다.
수명: 3~5년
사육되어 최대 10년

유럽족제비는 가축 흰담비의 원조상이며 탈출한 흰담비와 이종교배하여 보통 더 연한 색깔의 새끼를 낳는다.

유럽족제비는 영국에서 덫으로 사냥을 많이 당했기 때문에 대부분의 지역마다 그 수가 감소해 왔으나 이제는 사람들의 보호를 받으며 이전 서식지의 많은 구역에서 다시 서식하기 시작했다. 그 덕분에 유럽족제비가 발생하는 지역은 10년만에 50퍼센트가 증가할 수 있었다. 유럽족제비들은 물가 지역을 선호하며 어둠을 틈타 사냥한다.

세계 어느 곳에?
아일랜드를 제외한 유럽, 북쪽으로 스칸디나비아의 남부 그리고 남쪽으로 지중해까지 나타나며 북아프리카에도 적은 수가 있다. 또한 아시아 서부에도 나타난다.

얼마나 클까?

천연색
바깥털은 진한 갈색이고
밑털은 옅은 색조의 노란색이다.

얼굴 모습
독특한 검은 마스크가
얼굴 전체로 이어지며
눈을 덮고 있다. 바탕색은
희끄무레한 색이다.

다리
다리는 짧고 보통 몸보다
더 진한 색이다. 발은 힘이 세고
날카로운 발톱으로 무장되어 있다.

꼬리
꼬리는 상당히 길고 색이 진하다.

먹이 성장

유럽족제비는 흔히
물 가까이에 있는 굴에 사는데,
그 굴에 저장고, 즉
팬트리(pantry, 식품저장실)에
죽은 개구리들을
축적해 놓는다.

유럽족제비 또는 긴털족제비(위)와
흰담비(아래)

북방족제비(산족제비)
Ermine

북방족제비 스토우트(stoat, 특히, 여름철에 털이 갈색이 되었을 때의 족제비)의 외모는 겨울이 시작될 때 털이 눈처럼 하얗게 변한다.

생태 정보
무게: 0.025~0.16kg
수컷이 더 무겁다.
길이: 22~45cm
높이는 최대 30cm
성 성숙: 암컷은 2개월
수컷은 2년
임신 기간: 42~56일
배아 발달은 수정 후에 지연된다.
새끼 수: 1~4마리, 평균 2마리
젖떼기는 9주에 시작
먹이: 육식성.
포유동물들, 특히 토끼를 먹이로 삼고 다른 작은 생물체들도 먹는다.
수명: 3~11년
사육되어 최대 26년

분포 범위의 극북 지역에서 발견되는 북방족제비는 겨울에 색이 변해 눈 쌓인 지형에 융합되는데 도움이 된다. 천성적으로 겁이 많은 이 북방족제비들은 은신처에서 멀리 돌아다니는 일이 거의 없고, 행동권 전체에 많은 굴을 가지고 있다. 하지만 성질이 사나워 몇몇 맹금류를 제외하고는 대적하는 포식자가 별로 없다.
암컷 북방족제비는 태어난 지 몇 주만에도 짝짓기를 할 수도 있지만 다음 해가 되어서야 출산을 한다.

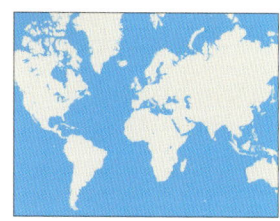

세계 어느 곳에?
북반구에서 발견된다. 위로 북극권 끝까지, 그리고 북아메리카를 거쳐 유럽을 지나 아시아까지 나타난다. 오스트레일리아와 뉴질랜드에도 유입되었다.

얼마나 클까?

천연색
윗부분은 연한 적갈색에서 갈색을 띠고 아랫부분은 흰색에서 크림색까지 다양하다.

앞발
발은 크고 힘이 세고, 발가락 끝에는 날카로운 발톱이 있다.

북방족제비의 구분
연한 색 털과 진한 색 털 사이를 일직선으로 나누는 선이 북방족제비의 특징이다.

꼬리
비교적 짧은 꼬리는 항상 끝이 까맣고 겨울에도 그렇다.

계절에 따른 색깔
어떤 경우에는 북방족제비가 가을에 부분적으로만 색이 바뀌는 반면 암컷들은 항상 더 순백의 색조를 띤다.

토끼는 종종 북방족제비에게 사냥 당한다.

아메리카오소리
American Badger

유럽오소리와는 달리 아메리카오소리는 독립생활을 하는데, 수컷의 영역은 여러 암컷들의 영역을 포함하고 있다.

아메리카오소리는 설치류의 먹이를 빼앗고, 날카로운 발톱을 사용하여 굴을 짓는다. 보통 자신들의 영역 내의 다른 굴로 자주 옮겨 다니지만, 암컷들은 새끼들과 한 굴에서 지낸다. 스스로 방어를 잘 하지만, 신체적으로 하는 것이 아니라 불쾌한 사향 냄새를 풍겨서 방어한다. 시골 지역을 선호하며, 농장 지역에 나타나기도 한다.

생태 정보
무게: 4~12kg
수컷이 더 무겁다.
길이: 52~88cm
성 성숙: 암컷은 4개월
수컷은 2년
임신 기간: 42일
배아 형성은 짝짓기 후 약 6개월이 지나서 시작된다.
새끼 수: 1~5마리, 평균 3마리
12주 때 젖을 뗀다.
먹이: 육식성.
곤충이나 땅에 둥지를 트는 새와 같은 작은 동물들을 사냥한다. 식물 또한 먹는다.
수명: 야생에서 4~14년
사육되어 최대 26년

세계 어느 곳에?
캐나다 남부의 브리티시 컬럼비아, 마니토바, 앨버타, 서스캐처원 주를 지나 미국 해안을 따라 인디애나, 미시건, 일리노이, 오하이오, 미주리, 오클라호마, 텍사스 주에 나타난다.

얼마나 클까?

얼굴
얼굴은 삼각형으로, 귀는 작고 긴 코의 끝은 위를 향하고 있다.

앞발
앞발은 강하며, 길게 구부러진 발톱의 끝은 뾰족하다.

꼬리
꼬리는 짧고 단단하며, 털이 많다.

천연색
은빛을 띄는 갈색이 몸의 대부분을 덮고 있으며, 코에서 시작된 흰줄무늬는 어깨 너머로 이어져 있다.

굴 입구는 초목으로 가려져 있지 않을 수도 있다.

굴에서 지내기
아메리카오소리는 땅속 굴에서 혹독한 겨울날을 피할 수 있다.

북아메리카링테일
Northern American Ringtail

생태 정보
무게: 0.9~1.3kg
수컷이 더 무겁다.
길이: 91~124cm
높이는 최대 16cm
성 성숙: 약 10개월
임신 기간: 45~50일
새끼 수: 평균 2~4마리
(최대 5마리)
42일 후 젖을 뗀다.
먹이: 육식성.
작은 포유류나 새,
무척추동물을 먹고,
과일도 먹는다.
수명: 7~10년으로
사육되어 최대 19년

링테일은 민첩하기 때문에 숲은 물론 건조한 바위 지역에서도 쉽게 돌아다닌다.

천성적으로 독립생활을 하는 링테일은 소변과 대변으로 영역 표시를 하며, 짝짓기는 봄부터 이른 여름에 이루어지고 태어났을 때는 꼬리에 줄무늬가 없이 흰색이다. 링테일은 시끄러운 편으로, 종종 끽 하는 소리, 쉬익 하는 소리를 내고 으르렁거리는 등 다양한 종류의 소리를 만들어 낸다. 광부들이 오두막의 설치류들을 몰아내기 위해 어린 링테일을 길들여 키우기도 하여 '광부의 고양이' 라고도 알려져 있다.

세계 어느 곳에?
오레곤 남서부, 캘리포니아, 유타 남부와 네바다, 콜로라도 서부, 캔사스 남부와 오클라호마, 아리조나, 뉴멕시코와 텍사스 주, 멕시코와 코스타리카.

얼마나 클까?

뒷발
매우 유연해서
자세를 180도
회전할 수 있고,
올라가는데
도움을 준다.

천연색
담황색에서
회색빛 갈색까지
다양하며,
배쪽 색깔은
더 연하다.

눈
상대적으로 크고
흰털이 안경처럼
눈 주변을
둘러싸고 있다.

꼬리
너구리과 동물 중에서도
독특한 꼬리 모양 때문에
북아메리카링테일이란
이름이 붙여졌다.

굴에서 주로 낙엽 같은
마른 식물을 깔고 잠잔다.

두 포식자의 만남
위협에 처했을 때,
북아메리카링테일은
꼬리를 회전해 몸을 뒤로
뒤집어 탈출한다.

111

흰코코아티
White-nosed Coati

생태 정보
무게: 5~9kg
수컷이 더 무겁다.
길이: 110~120cm
높이는 30cm 가량
성 성숙: 암컷은 2년
수컷은 3년
임신 기간: 77일
새끼 수: 3~7마리
6주에 젖을 뗀다.
먹이: 잡식성.
작은 동물, 동물 사체, 알,
과일 외에 땅에서
무척추동물을 파먹기도 한다.
수명: 7~8년
사육되어 최대 15년

**너구리과의 흰코코아티는 기어오를 때 매우 민첩하다.
긴 꼬리는 나뭇가지에 매달리기보다 균형을 잡는 데 사용한다.**

흰코코아티는 가족 단위로 발견되지만 수컷은 독립생활을 한다. 천성적으로 용감하며 낮 시간에 캠프장 주변에서 쓰레기 더미를 뒤지는 일이 흔하다.
흰코코아티는 밤에는 나무로 물러나 잠을 자지만 자주 잡히는 지역에 따라 조심히 행동하느라 야행성이 되기도 한다. 성인 암컷이 먹이를 찾아 나갈 때는 무리의 다른 흰코코아티가 새끼들을 돌본다.

세계 어느 곳에?
미국의 아리조나 주 남동부와
뉴멕시코 주, 남쪽으로 중앙아메리카를
거쳐 아래로 파나마까지, 다양한
산림지역에서 나타난다.

얼마나 클까?

코
길고 매우 유연하며
끝이 약간 위로 향해 있다.
코는 또 하나의 다리처럼 쓰인다.

꼬리
길고 고리 무늬가 있으며
끝이 갈색이다.

다리
튼튼하고 힘이 세다.
앞발에는 길고 날카로운 발톱이 있고,
땅을 파는데 유용하다.

얼굴 무늬
흰색 띠와 코 주변에
흰색으로 된 넓은 부분이 있다.

흔적을 남김
성인 수컷 코아티들은 서로 자주 싸운다.
무시무시한 이빨로 심각한 상처를 입힐 수 있다.

성인 암컷이 보살피는 탁아소

킨카주너구리
Kinkajou

생태 정보
무게: 2~3kg
수컷이 더 무겁다.
길이: 84~112cm
높이는 20cm 가량
성 성숙: 암컷은 2.5~3년
수컷은 1.5~2년
임신 기간: 98~120일
연중 내내 새끼를 낳는다.
새끼 수: 1~2마리
3~5개월에 젖을 뗀다.
먹이: 초식
다양한 과실을 먹는다. 과일을 주로 먹으며 꽃의 꿀도 먹는다.
수명: 23년
사육되어 최대 40년

허니베어(honey bear)와 혼동되기도 하는 킨카주너구리는 꽃의 꿀을 먹는다고 알려져 있지만 야생 킨카주너구리가 벌꿀을 먹는 것은 관찰된 적이 없다.

킨카주너구리는 잘 발달된 사회 구조를 이루고 있으며, 가족 단위로 산다. 영역 표시는 머리와 목구멍, 배에 있는 향선으로 한다. 시력은 좋지 않고 색깔을 잘 구분하지도 못하지만 예리한 후각에 의지하여 먹이의 위치를 찾는, 천성적인 야행성이며 어둑어둑한 열대 우림에 산다. 열대우림의 생태계에 있어서는 중요한 역할을 담당하고 있다. 꽃의 꿀을 먹을 때 식물을 수분하는 중요한 동물이다.

세계 어느 곳에?
남아메리카의 중앙과 북부 전역에 걸쳐 적합한 서식지가 있다. 멕시코 남부에서부터 바로 아래쪽인 브라질 남쪽까지 퍼져 있다.

얼마나 클까?

아메리카너구리
Raccoon

생태 정보
무게: 4~9kg
수컷이 더 무겁다.
길이: 109~119cm
높이는 30cm 가량
성 성숙: 암컷은 2년
수컷은 3년
임신 기간: 54~70일
(일반적으로 65일)
새끼 수: 2~5마리, 평균 4마리
16주에 젖을 뗀다.
먹이: 잡식성.
무척추동물을 주로 먹으며
식물과 작은 동물도 먹는다.
수명: 2~3년
사육되어 최대 16년

아메리카너구리는 천성적으로 호기심이 많아서 먹기 전에 앞발로 먹이를 들고 조심스럽게 관찰하고 먹기 전에 먹이를 씻는다.

아메리카너구리가 도시 지역에 널리 퍼져 있는 것은 음식을 쉽게 구할 수 있기 때문이다. 이들은 남은 음식을 찾기 위해 쓰레기통을 뒤지거나 정원을 습격한다. 또, 지렁이를 먹기 위해 땅을 파기도 하는데(땅 아래에서 지렁이가 움직이는 소리를 들을 수 있다.) 광견병과 인간에게 전염될 수 있는 많은 심각한 질병들을 옮기기도 한다.
위협을 느낄 때면 나무나 건물로 올라가 대피하기도 하고 천장 지붕이나 굴뚝을 통해 집으로 난입하기도 한다.

세계 어느 곳에?
캐나다에서 미국을 거쳐 중앙아메리카, 멀리 남쪽으로 파나마까지 퍼져 있다. 유럽과 아시아에 소개되어 일부 독립된 개체군들이 정착하였다.

얼마나 클까?

귀
귀 끝에 흰 털이 있고, 청각이 예민하다.

얼굴 색깔
눈 주변의 검은 털은 '강도 마스크'로 묘사되기도 한다.

뒷다리
뒷다리 힘이 세기 때문에 바로앉을 수 있고, 몸의 무게를 지탱할 수 있다.

꼬리
꼬리는 길고 길이를 따라 검정색과 흰색의 고리 무늬가 번갈아가며 있다.

위험에서 벗어나기
암컷 아메리카너구리는 혼자서 새끼를 키우는데, 종종 새끼의 목덜미를 물어 새끼를 옮긴다.

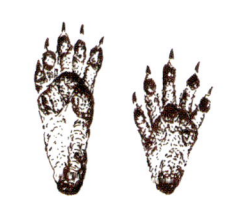

뒷발은 앞발보다 길고 가늘다.

대왕판다
Giant Panda

생태 정보
무게: 100~150kg
수컷이 더 무겁다.
길이: 약 160cm
높이는 75cm 가량
성 성숙: 4~8년
임신 기간: 95~160일
암컷은 매년 단 한 번
암내를 풍긴다.
새끼 수: 1~2마리
약 1년 후에 젖을 뗀다.
먹이: 초식성.
25종류의 대나무를 먹는다.
때때로 고기를 먹는데,
뱀부랫(bamboo rat)을
잡아먹기도 한다.
수명: 20~30년

자연보호 운동의 아이콘으로, 대왕판다에게는 미래가 불확실하다. 현재 대왕판다의 수는 1000~3000마리 정도로 추산된다.

대왕판다는 특이하게도 육식을 위한 조건을 갖추고 있지만 고도로 전문화된 채식에 적응되어 있다. 문제는 대나무는 꽃이 지면 죽기 때문에 대왕판다가 굶주릴 위험에 놓인다는 것이다. 과거에는 대왕판다가 다른 곳으로 옮겨 다닐 수 있었지만 대나무숲이 점점 사라지면서 대왕판다의 이동도 제한되었다. 대왕판다의 생존에 있어서 보호구역을 만드는 것은 매우 중요한 일이다.

세계 어느 곳에?
중국에 제한되어 있으며 남서부 지역, 쓰촨성, 산시성, 간쑤성에 나타난다. 대왕판다는 온화한 숲 지역에서 산다.

얼마나 클까?

무늬
대왕판다의 눈은
검정색 털로 둘러싸여 있다.

앞발
앞발로 죽순을 쥘 수
있도록 적응하였다.

털
두껍고 털이 많아
추위로부터 보호해 준다.

모성본능
갓 태어난 대왕판다는 90g밖에 되지 않고,
초반에는 하루에 일곱 시간 가량 젖을 먹는다.

영역 표시를 할 때 소변을 뿌리거나
나무에 할퀸 자국을 남긴다.

말레이곰
Sun Bear

생태 정보
무게: 60~150kg
수컷이 더 무겁다.
길이: 120~150cm
키는 71cm 가량
성 성숙: 3~4년
임신 기간: 약 96일
겨울잠을 자지 않기 때문에
연중 내내 새끼를 낳을 수 있다.
새끼 수: 1~2마리
18개월에 젖을 뗀다.
먹이: 잡식성.
작은 척추동물, 곤충과
산딸기류 열매, 과일, 알과
꿀을 먹는다.
수명: 20~30년

말레이곰은 곰 중에서 가장 작지만, 가장 공격적인 곰 중 하나이며 특히 무시무시한 송곳니를 가지고 있다.

열대 우림의 낮은 지대에 사는 말레이곰은 천성적으로 독립생활을 하며 야행성이다. 몸 크기가 작고 발이 안쪽으로 구부러져 있어 기어오르기를 잘해서 낮에도 나무에서 휴식을 취한다. 말레이곰의 습성에 대해서는 사실 거의 알려지지 않았지만, 시각이 떨어져 후각으로 먹이를 찾는 경향이 있다. 종종 카카오와 코코넛 농장에 큰 피해를 입히기도 한다.

세계 어느 곳에?
동남아시아의 여러 곳에서 나타나는데, 인도 동쪽으로 미얀마(버마), 중국, 남쪽으로는 태국과 베트남, 말레이시아와 인도네시아에 걸쳐 살고 있다.

얼마나 클까?

귀
작고 둥글며 머리 뒤 아래쪽에 달려 있다.

얼굴 모양새
노란빛을 띠는 털이 얼굴에 나 있으며, 이로 인해 선비어(Sun Bear)라는 이름이 붙여졌다.

몸 색깔
짧고 매끈한 검정 털을 가지고 있으며 가슴에 치자색의 초승달 무늬가 있다.

발
발은 힘이 세고 발바닥에는 털이 없다. 낫 모양의 발톱이 날카롭다.

발의 힘
말레이곰은 날카로운 발톱으로 곤충의 집을 부순다. 그리고 긴 혀로 꿀이나 흰개미를 퍼 먹는다.

안경곰
Spectacled Bear

생태 정보
무게: 64~155kg
수컷이 더 무겁다.
길이: 119~150cm
키는 71cm 가량
성 성숙: 4~7년
임신 기간: 200~260일
새끼 수: 2~3마리
18개월 전후로 젖을 뗀다.
먹이: 잡식성.
과일, 산딸기류 열매, 식물, 견과류, 씨앗, 작은 척추동물과 동물 사체를 먹는다.
수명: 25년
사육되어 최대 36년

안경곰은 현재 남아메리카에서 발견되는 유일한 곰으로, 2백만 년 전에 처음 나타났던 무리의 마지막 곰이다.

안경곰이 곰과의 다른 곰들과 구별되는 점은 갈비뼈가 14쌍이 아니라 13쌍이라는 것이다. 안경곰은 멸종된 동족과 비교했을 때 작은 편인데, 이 멸종된 곰은 무게가 최대 1000kg이나 되었다. 서식지가 다양하지만 열대우림 지역보다는 고도 높은 운무림을 더 좋아한다. 대부분의 시간을 나무 위에서 보낸다.

세계 어느 곳에?
중앙아메리카의 파나마에서 콜롬비아, 베네수엘라, 페루와 에콰도르, 볼리비아 일부, 브라질과 아르헨티나 등지에 분포하며, 산악지대를 좋아한다.

얼마나 클까?

얼굴 모양새
턱은 짧고
흰색과 노란색 털로
무늬가 있다.

천연색
털은 검은색 또는
짙은 갈색이며 빽빽해서
위험으로부터 보호해 준다.

발
발은 힘이 세고 날카로운 발톱이 달려 있어서
효과적으로 땅을 팔 수 있게 해준다.

얼굴 무늬
안경곰은 두드러지게 다른
얼굴 모양새를 보여주기도 하는데,
눈 주변의 옅은 부분의 테 모양 때문에
안경곰이라는 이름을 얻게 되었다.

수영하는 안경곰

미국흑곰
North American Black Bear

생태 정보
무게: 61~141kg
수컷이 더 무겁다.
길이: 165~193cm
높이는 95cm 가량
성 성숙: 3~4년
그러나 7살이 되어서야
새끼를 낳는 편이다.
임신 기간: 약 220일
새끼 수: 2~3마리
6~8개월 전후로 젖을 뗀다.
먹이: 잡식성.
과일, 산딸기류 열매, 식물,
견과류, 씨앗, 동물 사체,
물고기와 사슴을 먹는다.
수명: 32년

미국흑곰은 풀숲이 우거진 산악지대를 선호한다. 텃세가 심하며, 수컷들은 최대 100㎡의 지역을 차지한다.

미국곰 세 종류 가운데 미국흑곰이 가장 작은 곰이다. 태어났을 때는 200g밖에 나가지 않지만, 어미 곰의 굴에서 영양이 풍부한 젖을 먹으며 빠른 속도로 자라나 봄철에는 5kg까지 자랄 수 있다. 짝짓기 시기가 되면 어미와 새끼는 수컷을 조심해야 한다. 수컷은 암컷과의 짝짓기를 위해 그 전에 새끼를 죽이려 하기 때문이다.

세계 어느 곳에?
알래스카 남부에서 캐나다 남서부에 이르는 북아메리카 지역과 미국 서부에서 멕시코 북쪽에 이르는 지역에 살고 있다. 플로리다와 조지아 주에도 나타난다.

얼마나 클까?

주둥이
주둥이는 넓으며,
짧고 매우 연한 털로
뒤덮여 있다.

뒷다리
근육이 발달했으며
꼬리는 눈에 잘
띄지 않는다.

발
모든 곰은 척행성으로,
발바닥을 땅에 붙이고 걷기 때문에
뒤꿈치가 땅에 닿는다.
*척행: 먼 길을 혼자 떠다니는 일

천연색
색깔은 적갈색부터 짙은 갈색을 거쳐
검정색까지 다양하다. 종종 흰색도
발견된다는 기록이 있다.

채식 생활
미국흑곰 식단의 3/4은
식물로 이루어져 있다.

미국흑곰은 위험에서 벗어나기 위해
나무 위로 올라간다.

큰곰
Brown Bear

생태 정보
무게: 97~680kg
수컷이 더 무겁다.
길이: 180~293cm
높이는 150cm 가량
성 성숙: 5~7년
10살이 되어서야 새끼를
낳는 편이다.
임신 기간: 186~248일
배아 형성은 수정 후
5개월 후에 시작된다.
새끼 수: 1~5마리, 평균 2마리
6~8개월에 젖을 뗀다.
먹이: 잡식성.
과일, 식물, 동물 사체와
척추동물을 먹는다.
수명: 30년
사육되어 최대 40년

큰곰의 전체적인 분포 범위는 증가하는 도시화로 인해 크게 줄어들고 있는데, 사냥 역시 큰곰의 감소에 한몫하고 있다.

오늘날 큰곰의 조상은 베링 해협이 육지였을 때, 그곳을 가로질러 북아메리카로 왔다. 그 이유로 현재 큰곰은 북아메리카의 서쪽 지역을 중심으로 분포되어 있다. 지구 온난화로 인해 큰곰은 좀 더 북쪽으로 이동하기 시작했고, 분포 지역이 더 넓어졌다. 큰곰은 상대적으로 탁 트인 시골 지역을 선호하지만, 유럽과 아시아에서는 숲에서 산다.

세계 어느 곳에?
북아메리카 북서부와 북유럽, 스칸디나비아 동쪽에서 아시아에 걸쳐 살고 있다. 이보다 남쪽 지역에서도 나타난다.

얼마나 클까?

혹
혹은 큰곰의 특징 중 하나로, 근육으로 이루어져 있다.

안면 모양
큰곰은 특이하게도 안면 윤곽이 오목하다.

천연색
이름(Brown Bear, 갈색곰)과 달리 금발부터 갈색, 검정색에 가까운 색깔까지 다양하다.

발톱
발톱은 땅을 팔 때 사용하며, 길이가 약 15cm이다.

위험에서 탈출하기
어린 큰곰은 위험을 감지하면 나무 위로 도망간다. 어미 곰은 새끼 곰보다 낮은 곳에서 새끼를 보호한다.

발톱이 무시무시하다.

회색곰
Grizzly Bear

생태 정보
무게: 150~600kg
수컷이 더 무겁다.
길이: 180~213cm
높이는 150cm 가량
성 성숙: 5~7년
그러나 10살이 되어서야
새끼를 낳는다.
임신 기간: 186~248일
배아형성은 수정 후
5개월 후에 시작된다.
새끼 수: 1~5마리, 보통 2마리
6~8개월에 젖을 뗀다.
먹이: 잡식성.
과일, 식물, 동물 사체를
먹으며 척추동물을 사냥한다.
수명: 30년
사육되어 최대 40년

큰곰의 한 종류로, 털끝의 색이 흰색과 검은색이 섞여 있거나 회색인 것이 특징이다.

회색곰은 방대한 지역을 돌아다니는데, 주로 채식을 하면서도 다양한 먹이, 특히 다양한 종류의 사슴을 사냥한다. 회색곰은 텃세가 강한데다가 시력이 나빠서 사람을 다른 곰으로 오인해 공격하는 경우가 많다. 무게에 비해 빠르게 뛰며(최고 시속 60km의 속도로 뛸 수 있다.) 기어오르기와 수영도 잘한다. 회색곰에게는 인간의 사냥 이외에는 별다른 위험 요소가 많지 않다.

세계 어느 곳에?
북아메리카 중 알래스카와 캐나다에 주로 나타나며, 적은 수가 아직 미국 와이오밍, 몬타나, 아이다호 주 중심으로 생존하고 있다.

얼마나 클까?

감각
넓은 콧구멍으로 인해 후각이 발달했고, 반면 눈은 작다.

크기
북쪽 끝에 사는 회색곰이 일반적으로 남쪽에 사는 회색곰보다 크기가 크다.

앞다리
두껍고 튼튼하며, 힘이 매우 세다.

천연색
회색 반점이 회색곰의 특징이다.

흔적
나무에 남긴 할퀸 자국을 통해 회색곰이 있음을 알 수 있다.

자연의 혜택
회색곰은 연어가 산란지로 돌아올 때를 이용하여 물속을 헤치며 연어를 잡아먹는다.

발자국을 통해 발톱의 힘이 세다는 것을 알 수 있다.

알래스카불곰
Kodiak Bear

생태 정보
몸무게: 159~680kg
수컷이 더 무겁다.
길이: 180~293cm
높이는 약 150cm
성 성숙: 5~7년
수컷은 10살이 되어서야
새끼를 낳는다.
임신기간: 186~248일
배아형성은 수정 후
5개월이 지나서 시작된다.
새끼 수: 1~5마리, 보통 2마리
젖은 6~8개월에 뗀다.
먹이: 잡식성.
과일과 식물, 동물의 사체,
연어를 먹는다.
수명: 20~30년
사육되어 최대 40년

불곰 중에 가장 크기가 큰 알래스카불곰의 서식지는 주요 먹이인 연어가 사는 알래스카 만의 코디액 군도를 포함한다.

알래스카불곰의 생활은 환경과 밀접하게 관련되어 있다. 가을에 굴로 들어가기 시작하고 그곳에서 잠을 자며 겨울을 보낸다. 이때 몸속에 저장된 지방만으로 지탱해 나간다. 그 다음 봄에는 몸무게가 1/3 정도 줄어든다. 한여름쯤에 짝짓기를 하지만 새끼의 성장은 지연되며, 쥐 크기 정도인 새끼곰은 그 다음해 초에 태어난다.

세계 어느 곳에?
알래스카불곰은 서부 알래스카, 코디액, 슈약(shuyak), 어포그낵 섬의 앞바다, 알래스카 본토에서 발견된다. 이곳 날씨는 특히 겨울에 혹독하다.

얼마나 클까?

천연색
암컷을 포함한 남쪽 지역의 개체들은 연한 색을 띤다.

발톱
발톱은 검으나 나이가 든 곰의 발톱은 보통 흰색으로 변한다. 길이가 약 13cm 정도이다.

뒷발
뒷발은 거대하며 41cm까지 측정된다. 일어설 때 몸무게를 지탱해 준다.

두드러짐
알래스카불곰은 독특한 옆모습을 가지고 있다. 유전학 연구학자들은 알래스카불곰이 다른 불곰과 만 년 이상 격리되어 왔었다고 말한다.

키
알래스카불곰은 뒷다리로 일어섰을 때 최대 4m까지 이르는 것도 있다.

굴 파기
알래스카불곰은 자신의 굴을 파거나 또는 기존의 구멍을 확장한다. 모든 불곰이 겨울 동안 굴에서 지내지는 않는다.

북극곰
Polar Bear

생태 정보
몸무게: 200~800kg
수컷이 더 무겁다.
길이: 190~300cm
높이는 160cm 정도
성 성숙: 4~6년
수컷은 8년이 지나
짝짓기를 한다.
임신기간: 195~265일
배아형성은 수정 후
4개월이 지나서 시작된다.
새끼 수: 1~4마리
18~30개월에 젖을 뗀다.
먹이: 육식성.
바다표범뿐만 아니라 물고기,
순록, 동물 사체를 먹고 살며,
여름에는 식물을 먹는다.
수명: 20~30년
사육되어 45년

곰과 중에서 크기가 가장 큰 북극곰은 가장 텃세가 강한 육식동물로서 사람들에게 큰 위협을 줄 수 있다.

피부 밑에는 두께가 10cm에 이르는 두꺼운 지방층이 있다. 이것은 추위로부터 몸을 보호하고, 수영할 때 부력을 준다. 북극의 만년설이 녹음으로써 북극곰이 얼음 위에서 먹이를 잡을 수 있는 기회가 줄어들어 어쩔 수 없이 북극곰은 더 먼 거리를 수영해야 한다. 암컷은 눈을 판 굴에서 새끼를 낳는데 이곳은 바깥보다 상당히 따뜻하다.

세계 어느 곳에?
북극곰은 북극의 극지 부분인
먼 북쪽에서 발견된다.
이들의 서식지는 남쪽으로
멀게는 캐나다까지 이른다.

얼마나 클까?

털
북극곰의 털이 가진 독특한 크림색이 북극의 풍경과 구분이 어렵게 한다. 털은 방수성이다.

코
후각이 매우 발달하여 32km 멀리 있는 바다표범 시체의 냄새를 감지할 수 있다.

뒷다리
뒷다리는 수영을 하는데 쓰이고 앞다리보다 길다.

발
털로 덮여 있어 신발의 역할을 해서 눈과 얼음 위를 걸어도 동상이 걸리지 않는다.

사냥 기술

북극곰은 1.6km나 떨어진 곳의 바다표범이 얼음에 만든 공기구멍을 정확하게 찾아낼 수 있다. 바다표범이 수면 위로 올라올 때까지 참을성있게 기다린다.

불곰의 발(아래)과 비교해 보면, 북극곰의 발(위) 아랫면은 털로 덮여 있어 발을 보호해 준다.

아시아흑곰
Asian Black Bear

생태 정보
몸무게: 50~200kg
수컷이 더 무겁다.
길이: 130~190cm
높이는 100cm 정도
성 성숙: 3~4년
임신기간: 186~248일
배아형성은 수정 후
5개월이 지나서 시작된다.
새끼 수: 2~3마리
3.5개월에 젖을 뗀다.
가족은 2년 동안 함께 지낸다.
먹이: 잡식성.
작은 포유류, 동물의 사체,
도토리, 견과류와 식물을 먹는다.
수명: 15~20년
사육되어 25년

일본에서는 사람들 거주지와 가까운 곳에서 아시아흑곰이 발견되기도 하지만 삼림벌채와 사냥으로 생존을 위협받고 있다.

아시아흑곰의 가슴에 있는 무늬 때문에 이 종은 티베트흑곰, 달곰을 포함하여 여러 가지 이름으로 알려져 있다. 최근에 한의학에서 인기가 높은 곰의 쓸개 때문에 아시아흑곰들이 아주 많이 사냥되었다. 사람들에게 공격적일 수 있는데, 이러한 점이 자연보호 활동에 방해가 된다. 이들은 가을에 견과류를 먹음으로써 몸무게를 늘려 겨울을 나며 서식지에서 야행성으로 활동한다.

세계 어느 곳에?
서식지는 서쪽의 이란과 이라크에서부터 히말라야를 거쳐 말레이시아에 이른다. 일부는 더 북부인 동부 아시아와 동부 러시아, 일본, 한국에서 발견된다.

얼마나 클까?

천연색
털은 검고 가슴에는
독특한 옅은 색의
초승달 모양 무늬가 있다.

털 길이
어깨 부분과 목 아랫부분의
털이 가장 길다.

힘
곰이 나무를 오를 때
종종 나뭇가지를
부러뜨리곤 한다.

둥지
나무 위 40m 높이에
둥지를 짓는다.

성장
새끼 곰은 태어났을 때
앞을 보지 못하고 전적으로
무력하다. 늦은 겨울에
굴 안에서 태어나며
봄에 모습을 드러낸다.

빈투롱
Binturong

생태 정보
몸무게: 13~27kg
암컷이 더 무겁다.
길이: 115~186cm
몸과 꼬리는 비슷한 길이.
성 성숙: 3년
임신기간: 84~91일
때때로 배아형성이
지연되기도 한다.
새끼 수: 보통 1~2마리
(최대 6마리)
3.5개월에 젖을 뗀다.
먹이: 잡식성으로 주로
과일과 식물, 설치류,
새와 새의 알을 먹는다.
수명: 15~20년
사육되어 25년

빈투롱이라는 특이한 이름은 멸종되어 버린 원주민 언어로부터 왔다. 실제 뜻은 '알 수 없는 것'이다.

곰고양이베어캣이라고도 불리는 빈투롱은 열대 우림이 고향이고, 주로 나무에서 산다. 빈투롱의 먹이는 이곳의 생태계에서 아주 중요한 역할을 한다. 배설물로 나온 소화되지 않는 씨를 확산시키기 때문이다. 빈투롱은 몸에서 이상한 냄새를 풍기는데 버터를 바른 팝콘의 냄새와 비슷하다고 한다. 꼬리 밑에 있는 특별한 분비샘에서 나오는 냄새로 영역을 표시한다.

세계 어느 곳에?
인도와 동쪽으로는 중국과 필리핀, 남쪽으로 라오스, 베트남과 태국을 거쳐 인도네시아에서 나타난다. 특히 인도네시아의 수마트라, 자바, 보르네오와 같은 여러 섬에서 발견된다.

얼마나 클까?

발
빈투롱은 나무에서 내려올 때 발톱으로 나무를 쥐는데, 이때 이들의 발목은 뒤를 향하고 있다.

털
길고 덥수룩한 털은 비로부터 몸을 보호한다.

꼬리
물건을 잡을 수 있는 꼬리를 가진 빈투롱은 구세계(유럽, 아시아, 아프리카)에서 유일무이하다.

유유자적
느리게 움직이는 빈투롱은 선천적으로 야행성이고 낮에는 나뭇가지 위에서 잠을 자며 햇볕을 쬔다.

물건을 잡을 수 있는 꼬리는 나뭇가지를 꽉 잡으며 또 하나의 손으로 쓰인다.

제넷고양이
Common Genet

생태 정보
몸무게: 1~3kg
길이: 80~106cm
몸과 꼬리의 길이는 비슷.
높이는 15cm 정도.
성 성숙: 2년
임신기간: 70~78일
새끼 수: 1~3마리
8개월에 젖을 뗀다.
먹이: 육식성으로 무척추동물, 설치류, 새와 새의 알, 양서류와 파충류를 먹고 산다.
수명: 10~13년

여러 품종의 제넷고양이들이 광범위하게 존재하지만 이 가운데 한 종은 지중해의 마조르카 섬과 발레아레스 제도에 한정되어 있다.

제넷고양이는 나무 위를 오르고 사냥하는 데 능숙하지만 비단뱀뿐만 아니라 올빼미, 표범에게 희생되기 쉽다. 날카로운 발톱은 눈에 띄지는 않으면서 평형을 유지하고 먹이를 단단히 붙잡는데 도움을 준다. 큰 눈에 사물이 반사되어 보이기 때문에 주로 해질녘에 활동하는데, 예민한 청력도 한몫 한다. 고양이와 상당히 닮았고 야옹, 가르랑, 쉿 하는 비슷한 소리를 낸다.

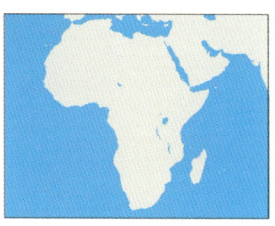

세계 어느 곳에?
제넷고양이 중 가장 광범위하게 분포하는 종이 아프리카 도처의 삼림 지역에 나타난다. 또한 서유럽 본토와 중동에도 나타난다.

얼마나 클까?

줄무늬
까만 줄무늬가 등의 중앙에
길게 나 있다.

점무늬
점무늬 점의
크기 때문에
작은점무늬자넷
(small-spotted genet)이라고도
불린다.

배경색
개체에 따라
배경색이 은색부터
노르스름한 회색까지
다양하다.

꼬리
꼬리에는 밝은 색과 어두운 색의
고리가 번갈아 있고, 꼬리의 길이를 따라
크게 좁아지지 않는다.

꼬리들
제넷고양이는 나무 구멍에서
먹이를 찾는다. 또한 이때
긴 꼬리를 이용하여
균형을 유지한다.

가지뿔영양
Pronghorn Antelope

생태 정보
무게: 40~60kg
보통 암컷이 더 가볍다.
길이: 130~150cm
성 성숙: 약 15개월
하지만 수컷들은 실제로
3세가 되고 나서야
새끼를 낳는다.
임신 기간: 약 235일
짝짓기는 9월 중순에
이루어진다.
새끼 수: 1마리
먹이: 초식. 꽃이 피는
식물, 관목, 풀, 선인장까지
먹는다.
수명: 최대 10~15년

약 일만 년 전에 끝난 이 과(영양붙이과)에는 최소 12종이 있었지만 현재는 오직 가지뿔영양만이 살아남았다.

가지뿔영양은 가장 빠른 육상 포유동물로 간주되는데, 시속 80km에 상응하는 속도에 이를 수 있다. 이 능력은 가지뿔 영양을 먹고 살던, 현재는 멸종된 아메리카 치타를 앞지르기 위한 필요에서 생겨났을지도 모른다. 그러나 각 발에 두 개의 발가락이 있는 이 유제동물은 놀랍게도 점프를 잘 하지 못한다. 20세기 초반에 그들의 수는 감소했지만 지금은 보호조치 덕에 수가 회복되었다.

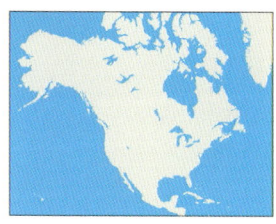

세계 어느 곳에?
캐나다의 서스캐처원과 앨버타, 미네소타 남서부와 텍사스 중부를 거쳐 서쪽으로 캘리포니아 북동부와 남쪽으로 멕시코까지 확장된다. 바하 캘리포니아에서도 발견된다.

얼마나 클까?

뿔
뿔은 수컷들에 있어 매우 분명한 형태를 보인다. 앞으로 뾰족한 가지 덕분에 그들의 이름이 지어졌다.

꼬리
꼬리는 짧고 비교적 눈에 띄지 않는다. 색은 엉덩이 부분처럼 흰색이다.

눈
눈은 크고 머리 위에 높이 위치해 있어 좋은 시계를 보장한다.

수컷 무늬
목 양 옆을 따라 내려오는 검은 줄무늬와 얼굴의 검은 마스크는 수컷 가지뿔 영양의 특징이다.

위가 아니라 아래로

가지뿔영양들은 아래를 향해 고속으로 달려 목장의 울타리를 넘기도 한다. 그들은 여름에 작은 무리를 지어 산다.

포식자들을 피하기 위해 납작 엎드린 새끼 가지뿔영양

임팔라
Impala

생태 정보
무게: 약 45~80kg
길이: 120~160cm
수컷이 암컷보다 더 크다.
성 성숙: 2년
임신 기간: 7~8개월
혹독한 환경에서는 더 길어진다.
새끼 수: 1마리
적도 아프리카에서는 연중 어느 때나 태어날 수 있다.
먹이: 초식.
구할 수 있으면 신선한 풀, 다른 때에는 나뭇잎과 새싹을 먹는다.
수명: 최대 12~15년

이 영양의 독특한 이름은 토속 아프리카의 줄루 어로부터 기원한다. 보통 사바나 지역에서 발견된다.

임팔라들은 본능적으로 지표면의 풀도 뜯어먹고, 특히 풀을 찾기 어려운 건조기에는 키 큰 식물들의 잎도 뜯어먹는다. 그들은 물에서 멀리 떨어져 돌아다니지 않는 경향이 있다. 수컷들은 암컷 무리와 함께 영역을 건설하며 짝짓기는 우기 말에 일어난다. 암컷은 후에 무리에서 떨어져 나와 혼자 새끼를 낳고 나서 다시 무리에 합류한다. 젖떼기는 약 6개월 후에 일어난다.

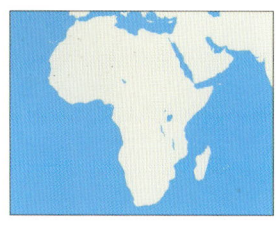

세계 어느 곳에?
아프리카 동부와 남부. 케냐, 우간다, 탄자니아에서 남쪽으로 모잠비크, 남아프리카 북동부 그리고 짐바브웨, 잠비아와 보츠와나를 거쳐 나미비아와 앙골라까지.

얼마나 클까?
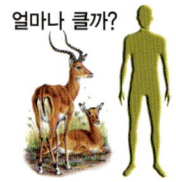

뿔
숫양으로 알려진, 수컷 임팔라만이 리라 모양의 뿔을 가지고 있다. 이 뿔들은 91㎝까지 자랄 수 있다.

감각
임팔라들은 예민한 후각, 청각, 시각을 가지고 있다.

천연색
적갈색이며 검은 무늬가 있다. 아랫부분은 옅은 색이다.

다리
2.5m의 높이와 9m까지의 거리를 점프할 수 있다.

위험한 사이
치타는 임팔라를 따라잡을 수 있다. 사자, 야생개, 하이에나들 또한 심각한 위협을 주는데 특히 무리를 지어 사냥을 할 때 그러하다.

수컷들 간의 뿔 충돌

바바리양
Barbary Sheep

생태 정보
무게: 암컷은 평균 40~55kg,
수컷은 평균 100~145kg
길이: 130~165cm
암컷이 더 작다.
성 성숙: 2년
임신 기간: 약 5.5개월
새끼 수: 1~2마리, 때때로 3마리
(암양들은 연간 2회 생산할 수 있다.)
먹이: 초식
아카시아 관목과 이끼를 포함한
사막의 키 작은 초목들을 먹는다.
수명: 야생에서 약 10년
동물원에서는 20년

이 양들은 바르바리 해안이라고 알려졌던, 그들이 발생하는 지역의 이름을 따서 명명되었다. 유일한 아프리카 토속 양이다.

자연적인 피난처가 거의 없는 지역에서 유래된 바바리양은 발각을 피하기 위해 털 색깔에 의존한다. 필요하다면 이 양들은 위험을 피해 1.8m 이상을 뛰어오를 만큼 충분히 민첩하다. 번식기가 시작될 때 수컷들은 서로 맹렬히 싸우지만, 이것은 주로 힘겨루기이다.

세계 어느 곳에?
사하라 서쪽의 산악지대, 이집트와 수단까지 확장된다. 스페인 그리고 텍사스를 포함한 미국 일부 지역에도 도입되었다.

얼마나 클까?
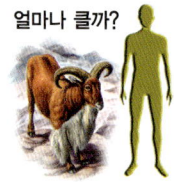

뿔
머리에서부터 자라나서
안쪽으로 휘어진다.
길이가 50cm까지 달한다.

천연색
주로 엷은 갈색이며
나이가 들수록
짙어진다.

수염
수컷만이
아래턱에서
가슴까지 늘어져
길게 나부끼는
덥수룩한 털을
가지고 있다.

발
갈라진 발굽은
바위투성이의 노두를
기어올라갈 때
힘을 보태준다.

높은 곳 견디기
바바리양은 종종 접근하기 어려운
바위 절벽에 자주 다닌다.
가장 더운 때 사막 태양의 열을
피하기 위해 거기에서 은신한다.

절벽 표면을 기어오르기

스프링복영양
Springbok Antelope

생태 정보
무게: 32~45kg
길이: 142~165cm
성 성숙: 1~2년
임신 기간: 약 171일
(탄생은 우기의 시작인 10월에서 12월 사이에 가장 흔하다. 신선한 초목의 성장이 촉발되는 때이다.)
새끼 수: 1마리
먹이: 계절에 따라 풀과 관목을 모두 먹는다.
수명: 야생에서 최대 7~10년

스프링복영양은 놀라면 공중으로 3.65m까지 뛰어오른다. 그 특이한 습성과 모습에 따라 이름지어졌다.

스프링복이 뛰어오르는 독특한 방법은 근처에 포식자가 있을 때 주의를 산만하게 하도록 의도된 것이다. 이 행동은 '네 발로 점프하기(pronking)'로 묘사된다. 천성적으로 매우 사회적이며 수백 마리의 떼를 지어 산다. 무리 중 하나가 점프하면, 다른 것들도 따라 한다. 반복적으로 몸을 솟구칠 수 있으며 동시에 고음의 경고 신호를 보내면 이 가젤(작은 영양)들은 위험으로부터 빨리 달아날 수 있다.

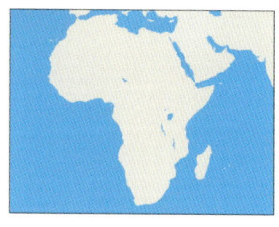

세계 어느 곳에?
아프리카의 남쪽 지역에 제한되어 있다. 남아프리카뿐만 아니라 보츠와나, 나미비아, 앙골라 남서쪽의 넓은 평야에서도 나타난다.

얼마나 클까?

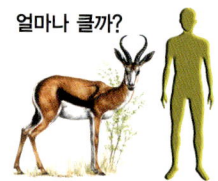

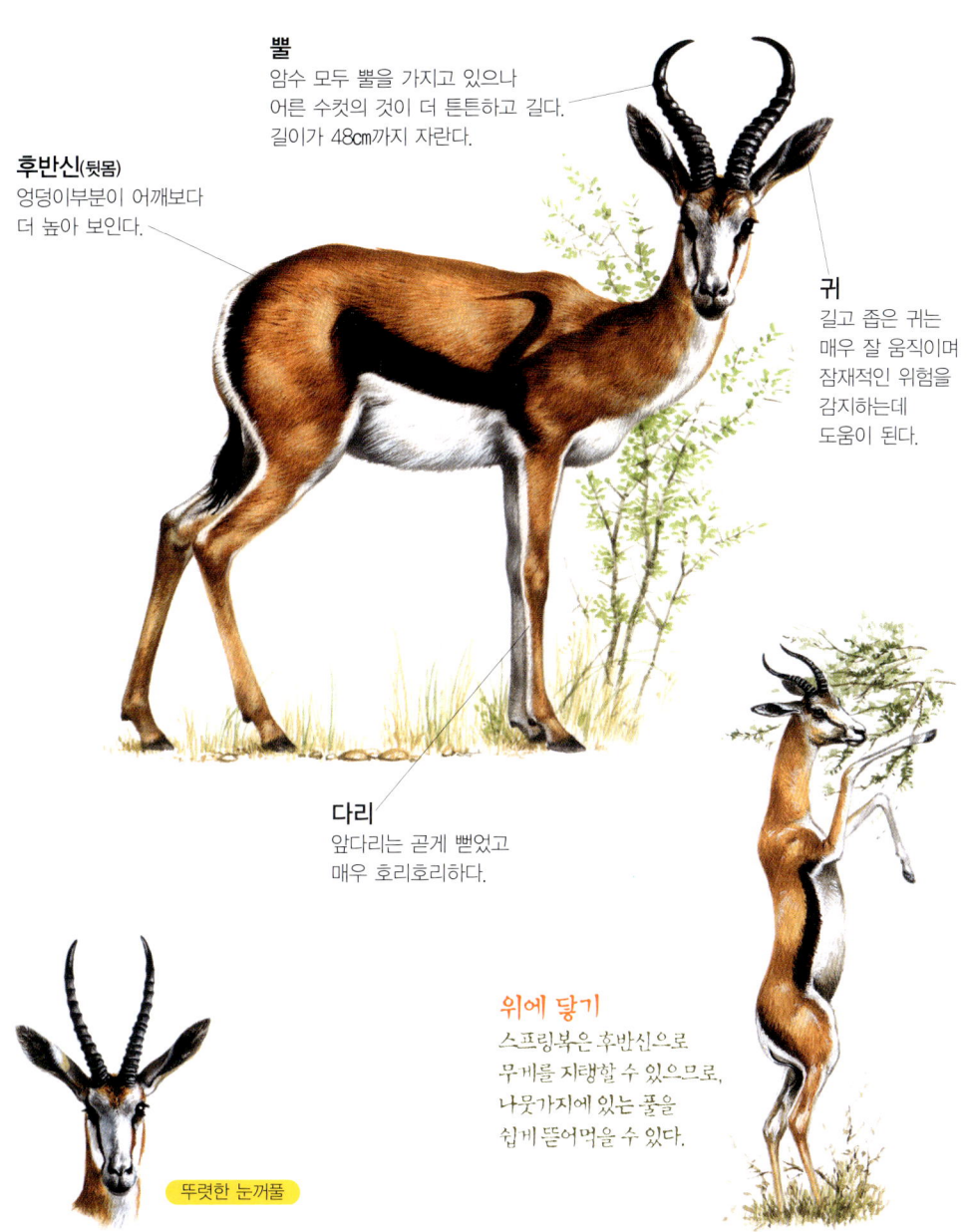

아메리카들소
American Bison

생태 정보
무게: 암컷 318~544kg
수컷 544~907kg
길이: 암컷 183~208cm
수컷 274~409cm
성 성숙: 4~5년
임신 기간: 약 280일
새끼 수: 1마리
(쌍둥이가 자주 기록된다.)
먹이: 사초뿐만 아니라 풀 그리고 관련 식물들
수명: 야생에서 약 15년 사육되어 최대 25년

아메리카들소의 조상은 10,000여 년 전, 대륙들이 붙어 있었을 때 아시아에서 건너와 이제 북미에서 가장 큰 포유동물이 되었다.

버팔로로 더 잘 알려진 아메리카들소는 거대한 무리를 지어 다니며 평야를 지날 때에는 천둥처럼 큰소리를 냈었다. 1800년대에 사냥으로 멸종위기에 놓여 있었다. 당시의 백인 정착민들이 아메리카 원주민들에게서 주된 식량의 원천을 빼앗음으로써 그들을 예속시키기 위한 시도였다. 그러나 많은 목장주인들의 선견지명을 통해 멸종의 위기를 벗어나 오늘날 그 개체수는 약 35만이다.

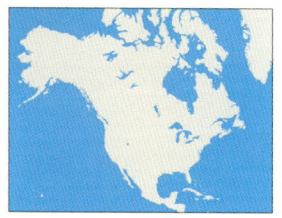

세계 어느 곳에?
이전에는 캐나다의 북서쪽에서 중부까지, 남쪽으로는 미국의 대부분을 거쳐 아래로 멕시코 북부까지 분포했었다. 지금은 주로 보호구역으로 국한된다.

얼마나 클까?

혹
등 위에 솟아오른 부분은
아래쪽의 흉추에 있는
긴 등뼈들의 결과물이다.

뿔
뿔은 암수 모두에게 나타난다.
그러나 황소의 뿔은 보통 더 넓고,
더 길고, 덜 구부러져 있다.

수염
수염은 황소에게
풍부하다.

천연색
대게 갈색이나 흑갈색이지만
북아메리카 원주민들이 신성하게 여기는
흰색 개체도 매우 드물게 나타난다.

구별하기
함께 있는 것을 볼 때,
수컷 바이슨은 암소보다는 훨씬 더 큰 몸과
눈에 띄는 혹을 가지고 있다.

어린 아메리카 들소 송아지

유럽들소
European Bison

생태 정보
무게: 300~920kg
황소는 더 무겁다.
길이: 꼬리 포함 240~400cm
성 성숙: 4~6년
암소는 더 일찍 성숙한다.
임신 기간: 약 280일
새끼 수: 1~2마리
1살까지는 젖을 뗀다.
먹이: 초식.
초목을 뜯어먹고, 또한
나뭇잎과 잔가지도 먹는다.
수명: 약 15년
사육되어 최대 28년

아메리카들소와는 가까운 친척이지만 주로 삼림에 서식하는 면에서 다르고 크기도 더 작다.

약 2000년 전에 비즌트(wisent, 유럽들소)는 유럽과 아시아를 가로질러 영국에서 시베리아까지 분포했다. 그러나 끈질긴 사냥으로 인해 1927년 종이 멸종되는 결과를 낳았다. 오늘날 살아있는 모든 개체는 동물원에서 길러지고 있었던 딱 12 마리의 생존자들로 그 혈통을 거슬러 올라간다.

세계 어느 곳에?
20세기 재도입의 결과로써 이제는 유럽 북부와 동부에서도 서식하며 키르기스스탄과 우크라이나까지 확장된다.

얼마나 클까?

뿔
뿔은 아메리카들소의 것보다 더 무섭다.

털
털은 아메리카들소보다 비교적 짧고 전체적으로 덜 텁수룩하다.

꼬리
파리를 몸에 가까이 오지 못하게 하는 채찍의 역할을 한다. 유럽들소는 아메리카들소보다 더 긴 꼬리를 가지고 있다.

근육질의 체구
근육이 잘 발달한 앞쪽의 몸은 바이슨이 땅을 지탱하고 상대를 물리치도록 돕는다.

눈 속에서 살아남기
바이슨은 많은 양의 초목을 먹어야 한다. 겨울에는 눈 속을 파내어, 종종 나무껍질을 갉아먹는 데 의지한다.

기존의 서열에 대한 도전

가우르(인도들소)
Gaur

생태 정보
무게: 700~1000kg
보통 암소가 더 가볍다.
길이: 꼬리 포함 320~430cm
성 성숙: 2~3년
임신 기간: 약 275일
새끼 수: 보통 1마리, 때때로 2마리.
젖떼기는 7~9개월 후에 시작
먹이: 초식.
풀과 기타 초목뿐만 아니라
과일도 먹는다.
수명: 최대 30년 정도

**가우르는 야생 들소의 모든 종 중에서 가장 크다.
그들의 분포 범위 일부 지역들에서는 사육되기도 했다.**

무리의 리더를 결정할 때, 수컷 가우르들은 좀처럼 싸우지 않고 단순하게 더 큰 수컷으로 결정한다. 어른 수컷들은 무리 밖에 머물며 혼자 산다. 이 동물들의 육중한 몸은 포식자로부터 위협받았을 때 간단하게 우림을 때려 부수고 길을 내며 도망갈 수 있다. 그러나 사람들의 사냥 때문에 가우르는 사람들이 찾기 어렵게 하기 위해 야행성이 되었다.

세계 어느 곳에?
아시아의 열대 지역 전역, 인도, 네팔, 방글라데시, 미얀마(버마), 남쪽으로 라오스, 캄보디아, 베트남을 지나 말레이시아 반도까지, 동쪽으로 중국까지 포함된다.

얼마나 클까?

뿔
뿔은 육중하고 구부러져 있다.
약 80㎝ 길이까지 자란다.
머리 꼭대기보다는
측면에 위치한다.

높이
어깨 높이는 200㎝를 넘는다.
분포 지역의 남동쪽에 있는 것들이 가장 크다.

사회 구조
가우르는 일반적으로
수컷이 이끄는 무리를 지어 산다.

방어 자세
가우르는 순전히 그 크기만으로도 대부분의 포식자들을
단념하게 하는 것으로 보인다. 하지만 호랑이는
이 거대한 포유동물과 대결해
약한 송아지를 잡아먹는 것을 선호한다.

뿔은 암수 모두에게 나타난다.

물소
Water Buffalo

생태 정보
무게: 800~1200kg
암컷이 더 가볍다.
길이: 240~300m
성 성숙: 18개월
임신 기간: 300~340일
새끼 수: 보통 1마리
암소들은 매 2년마다
새끼를 낳는다.
6~9개월에 젖을 뗀다.
먹이: 풀과 수생 초목.
그래서 수로가 막히는 것을
방지하는데 도움이 된다.
수명: 야생에서 최대 25년
사육되어 29년

이 종의 야생 형태는 가축 물소의 조상이었다. 그러나 지금은 멸종 위기에 있다.

물소는 인도에서 수천 년 전에 처음으로 사육되었다. 그들은 지금 남동 아시아의 농촌 경제에 중요한 역할을 한다. 하지만 이종 교배 때문에 불행히도 그들의 야생 조상의 생존에 위협이 되고 있다. 순수 물소는 현재 아시아 전역에 4천 마리 미만으로 남아있다고 여겨진다. 보호구역에서의 엄격한 분리만이 이 종의 생존을 보장하는 유일한 희망으로 보인다.

세계 어느 곳에?
개체군은 인도, 파키스탄, 방글라데시, 네팔, 부탄, 미얀마(버마), 태국의 일부 지역, 그 외에도 라오스, 베트남, 캄보디아 사이의 국경 지역에도 일부 살아있다.

얼마나 클까?

천연색
물소는 색이 거무스름하다.

뿔
길이는 어떤 다른 솟과동물보다 더 길다. 보통 2m 이상으로 측정된다.

꼬리
꼬리 끝 부분의 긴 털은 파리채 역할을 한다.

물의 중요성
물소는 물 가까이에 산다. 무성한 초목을 먹고 살며 그 사이에 숨기도 한다.

건강한 목욕
물소는 몸을 시원하게 유지해 주거나 피부를 건강하게 하기 위해 물속에서 뒹군다. 새들은 진드기 같은 기생동물들을 쪼아 먹는다.

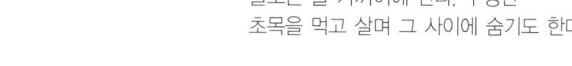
물소는 수영할 수 있다.

베조아르아이벡스
Bezoar Ibex

생태 정보
무게: 70~80kg
암컷이 더 가볍다.
길이: 120~160cm
성 성숙: 암컷 1.5~2.5년
수컷 3.5~4년
임신 기간: 약 160일
새끼 수: 보통 1마리,
때때로 2마리
먹이: 초식.
광범위한 종류의 초목을
뜯어먹고 산다.
수명: 야생에서 약 12년
사육되어 최대 22년

**이 종은 가축 염소의 원래 조상이라고 간주된다.
8000~9000년 전에 아시아 남서쪽에서 가축화되기 시작했다.**

이 염소들은 비교적 높은 고도의 험준한 바위 투성이의 절벽과 고지대의 목초지에서 산다. 때때로 500마리까지 되는 큰 무리를 짓기도 한다. 하지만 더 전형적인 그룹은 5마리에서 20마리로 구성된다. 짝짓기는 가을에서 한겨울까지 일어난다. 이 시기에 수컷들은 서로에게 훨씬 더 공격적이 되고 뿔로 싸운다. 무리들은 또한 겨울 동안에는 먹이를 찾기 쉬운 낮은 지역으로 이동하는 것 같다.

세계 어느 곳에?
서아시아, 이라크 북동부, 이란, 아프가니스탄 서부, 카프카스 산맥 동부와 투르크메니스탄 극남 지역뿐 아니라 터키의 아나톨리아 지역에서 나타난다.

얼마나 클까?

털
털은 연중 색이 변한다.
여름에는 적갈색으로 진해진다.

뿔
수컷들은
165cm까지 측정되는
매우 길고 구부러진
뿔을 가지고 있다.
암컷들의 뿔은 더 짧다.

수염
매우 독특한
길고 검은 수염이
어른 수컷의
턱에 나타난다.

못
피부의 이 딱딱해진 부분은
무릎에 형성되고
때로는 가슴에 형성된다.

높은 곳에서의 생활
베조아르아이벡스는
기어오르는 기술을 활용하여
땅에서 떨어져 자라는
나뭇잎과 새싹을 뜯어먹는다.

이 아이벡스들은 점프도 할 수 있다.

산악아이벡스
Alpine Ibex

생태 정보
무게: 40~120kg
수컷은 암컷 무게의 두 배
길이: 꼬리 포함 90~200cm
성 성숙: 암컷은 1살부터,
수컷은 2살부터 새끼를
낳는다.
임신 기간: 보통 165~170일
새끼 수: 보통 1마리,
때때로 2마리
먹이: 초식
풀, 꽃, 이끼, 나뭇잎과
잔가지를 먹는다.
수명: 10~14년

산악아이벡스는 태어난 지 이틀만에도 점프를 잘한다.
그들의 점프 실력은 산악지형에서 서식하는데 도움이 된다.

이 종의 외관은 알프스 기후의 영향을 받는다.
겨울 동안에는 먹을 것이 더 쉽게 발견되는,
낮은 고도에 있는 남쪽을 향한 산비탈을 찾는다.
이때는 수컷들이 암컷들의 무리에 합류하는 때이기도
하다. 연중 다른 때에는 암수가 따로 산다.

세계 어느 곳에?
유럽 알프스, 프랑스와 이탈리아 사이의
국경 지대로부터 동쪽으로 스위스를
거쳐 오스트리아까지, 1600~3200m
고도에 산다.

얼마나 클까?

털
7세 이상의 수컷들은
짙은 밤색 겨울털이 난다.

점프력
아이벡스의 힘은
뒷다리의 근력에 있다.

뿔
수컷은 뿔에 이랑이 있다.
100cm 길이까지 자랄 수 있다.

안전하게 내려가기　　기어오르기

장난 같은 싸움
수컷들은 종종 뒷다리로 서서
뿔 시합을 한다.

수마트라영양
Southern Serow

생태 정보
무게: 85~140kg
길이: 꼬리 포함 165cm
암컷과 수컷의 눈에 띄는 차이는 없다.
성 성숙: 약 2.5년부터
임신 기간: 217~248일
새끼 수: 보통 2마리
(새끼는 약 1년간 어미와 함께 있다.)
먹이: 초식.
광범위한 범위의 초목을 먹고 산다. 보통 나뭇잎을 뜯어먹는 것을 선호한다.
수명: 10~15년

수마트라 영양의 독특한 특징의 하나는 수영 실력이다. 덕분에 다양한 섬에서 성공적으로 서식해 올 수 있었을 것이다.

천성적으로 혼자 사는 수마트라 영양은 보통 이른 아침과 황혼녘에 먹이를 찾고 낮 동안에는 휴식을 취한다. 그들의 조직이 약효 가치가 있다는 믿음 때문에 심하게 사냥되어 왔다. 공식적인 보호를 받고 있음에도 불구하고 신체 부위의 불법 거래가 계속되고 있다. 결국에는 태국 같은 일부 지역에서는 보호구역 밖에서는 수마트라 영양을 좀처럼 발견하기 힘들다. 서식지의 파괴는 수마트라 영양들을 감소하게 만들었다.

세계 어느 곳에?
인도에서부터 동쪽으로 중국 남부까지 분포한다. 또한 태국과 말레이시아를 거쳐 수마트라 섬까지 아시아 남동부에도 나타난다.

얼마나 클까?

뿔
뿔은 암수 모두 뒤쪽으로 굽어져 있고 끝이 뾰족하다. 수컷의 경우 28cm까지 측정된다.

분비선
'눈물주머니'라고 불리는 커다란 분비선이 각 눈의 한쪽에서부터 얼굴 아래로 이어진다.

갈기
밝은색 털의 길고 덥수룩한 갈기는 등을 따라 내려오며 어깨 너머로 이어진다.

다리
다리는 매우 날씬하고 몸길이와 비교해 상대적으로 길다.

위로
이 영양들은 석회암 절벽이 있는 넓은 삼림 지역에 자주 다닌다. 이런 지역에서 점프하고 기어오르는 데 능숙하다.

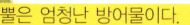

뿔은 엄청난 방어물이다.

블루윌더비스트(누)
Blue Wildebeest

생태 정보
무게: 140~290kg
길이: 꼬리 포함 230~340cm
성 성숙: 암컷 1.5~2.5년
수컷 3~4년
임신 기간: 248~262일
새끼 수: 1마리
보통 4개월까지는 젖을 뗀다.
먹이: 초식.
풀을 뜯어먹는다.
수명: 최대 15~20년

이름에도 불구하고 블루윌더비스트의 색은 다양하다.
갈색을 띠는 회색이거나 얼룩무늬 누로도 알려져 있다.

누의 삶은 위험하고 잠재적으로 짧다. 탁 트인 평원에서 많은 포식자들과 마주하기 때문이다. 그래서 새끼들은 발달이 진행된 상태로 태어나는데, 태어난 지 단 15분 내에 자기의 발로 서서 걷는다.
다 자란 것들은 시속 80km로 단거리를 전력질주 할 수 있고 점프도 잘 한다. 어떤 무리들은 최대 1000마리까지 떼를 지어 장거리를 이동한다.

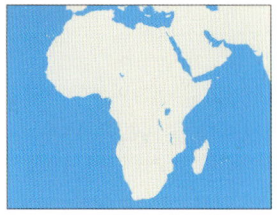

세계 어느 곳에?
케냐에서 아래로는 남아프리카의 북부, 동쪽으로는 앙골라와 나미비아 동부까지 이르는 동아프리카의 여러 지역에 있는 초지와 사바나 지역에서 발견된다.

얼마나 클까?

줄무늬
이 줄무늬는 멀리서 보면 피부에 있는 주름처럼 보인다.

뿔
뿔은 수컷이 더 길다. 83cm까지 측정된다.

꼬리
꼬리에 있는 털은 검정색이고 매우 길다. 말의 꼬리와 비슷하다.

송아지
새끼 블루윌더비스트들은 처음에는 모두 황갈색이었다가 2개월 무렵부터 변한다.

블루윌더비스트(검은꼬리 누, 위)와
블랙윌더비스트(흰꼬리 누, 아래)

대량 출산
새끼들은 우기가 오기 약 2주 전 모두 함께 태어난다. 이것은 포식자들을 피하는데 도움이 되며 뜯어먹을 신선한 풀이 있다는 것을 의미한다.

토피영양
Topi Antelope

생태 정보
무게: 130~170kg
암컷이 더 가볍다.
길이: 꼬리 포함 213cm
성 성숙: 암컷은 1.5세부터
수컷은 3세부터.
적어도 1년은 더 새끼를
낳기 위해 경쟁하지 않는다.
임신 기간: 약 248일
새끼 수: 1마리
보통 1세까지는 젖을 뗀다.
먹이: 초식.
오직 풀만 뜯어먹는다.
수명: 평균 12~15년

토피영양의 가장 독특한 습성이라면 암컷이 출산 중에 위험을 감지하면 분만을 미루고 도망갈 수 있다는 것이다.

토피들은 건조한 땅보다는 범람원을 선호한다. 거기서 자라는 싱싱하고 무성한 풀을 찾기가 더 쉽기 때문이다. 그들은 천성적으로 매우 사회적이다. 평균 20마리 정도의 무리를 지어 나타나나 이동할 때는 100마리까지 무리를 짓는다고 기록되었다. 수컷들은 암컷 무리를 지배하기 위해 싸운다. 달릴 때, 껑충껑충 달리는 걸음걸이를 갖고 있으며 모든 유제류 중에서 가장 빠르다고 여겨진다. 토피는 또한 'tsessebe'로도 알려져 있다.

세계 어느 곳에?
세네갈에서 에티오피아까지, 아래로는 남아프리카까지 분포한다. 이 종은 수단 남부와 탄자니아, 세렝게티 국립공원에 특히 많다.

얼마나 클까?

뿔
뿔은 고리가 끼워진 리라 모양이며 약 53cm 길이까지 자란다.

귀
길고 유연한 귀는 좋은 청력을 제공하여 사자와 표범 같은 잠재적 포식자들을 조심하게 한다.

천연색
몸에 있는 독특한 검은 무늬 때문에 바로 알아볼 수 있다. 암컷의 색이 더 옅은 경향이 있다.

입 부분
턱은 좁으며 이 영양들이 오직 풀만 먹고 산다는 것을 나타내준다.

진흙 목욕
토피는 몸에 진흙을 바르기 위해 축축한 진흙 속을 구른다. 이것은 아마 체온을 낮추기 위한 방법일 것이다.

경계를 게을리 하지 않는 수컷

톰슨가젤
Thomson's Gazelle

생태 정보
무게: 13~30kg
수컷이 더 무겁다.
길이: 꼬리 포함 106~142cm,
높이는 최대 90cm
성 성숙: 암컷은 8~14개월
수컷은 11~12개월
임신 기간: 155~186일
새끼 수: 1마리
4개월 후 젖을 뗀다.
먹이: 초식.
풀 외에 다른 초목도 먹는다.
수명: 야생에서 10~15년
사육되어 최대 20년

얼룩말과 같이 풀을 뜯어먹는 다른 동물들 속에서 톰슨가젤을 발견하는 것은 특이한 일이 아니다. 그들은 때때로 특정 개체들과 강한 유대를 형성할 수 있다.

가젤들은 아프리카 초원에서 시속 80km까지의 속도로 달릴 수 있는, 가장 빠른 동물 중에 수위를 차지한다. 그러나 단거리에서는 치타에게 잡힐 수 있다. 특히 새끼들은 포식에 취약하여 대략 절반이 성숙하기 전에 죽는다. 암컷 톰슨가젤들이 일 년에 한 번이 아니라 두 번 출산을 할 수 있다는 것은 이 위태로운 존재감 때문일지도 모른다.

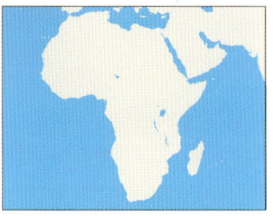

세계 어느 곳에?
동아프리카, 에티오피아, 수단, 특히 케냐 남부와 중부 그리고 탄자니아 북부의 세렝게티 초원 지역에서 나타난다.

얼마나 클까?
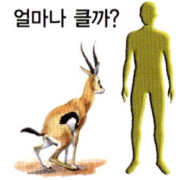

뿔
뿔은 그 길이를 따라 나선형을 그리고, 끝 부분은 앞쪽을 향한다. 수컷의 뿔이 훨씬 더 길며 30cm까지 측정된다.

귀
귀는 길고 상당히 머리 뒤쪽에 자리잡고 있다. 안쪽은 검정색이다.

천연색
밝은 갈색이며 양 측면에 독특한 검정 줄무늬가 있다. 아랫부분은 하얗다.

얼굴의 특징
눈은 하얀 반점으로 둘러싸여 있고 코 아래쪽으로는 줄무늬가 형성되어 있다.

이 특유의 도약은 '껑충껑충 뛰기'(stotting)라고 묘사된다.

구애
수컷 톰슨가젤들은 2세부터 자신의 영역을 건설하기 시작한다. 암컷 무리들이 그 영역을 통과해 지나갈 때 구애가 이루어진다.

도르카스가젤
Dorcas Gazelle

생태 정보
무게: 15~20kg
길이: 꼬리 포함 105~130cm
성 성숙: 암컷은 9개월
수컷은 1.5년
임신 기간: 약 186일
새끼 수: 1마리, 때때로 2마리
3개월이면 젖을 뗀다.
새끼는 6주까지 몸을 숨긴다.
먹이: 초식.
풀, 나뭇잎과 사막의
다육 식물들을 먹는다.
수명: 최대 12년

민첩하고 빠른 이 가젤들은 사막에서의 생활에 잘 적응되었다. 먹이로부터 적당한 수분을 섭취하면 물을 마시지 않고도 일생을 살 수 있다.

이 가젤들은 최근에 강우가 있었던 지역에서 먹이를 찾기 위해 종종 장거리를 이동한다. 암수는 자주 따로 무리를 짓는다. 수컷들은 특히 짝짓기 기간 동안에는 텃세가 강하다. 자신의 영역을 표시하기 위해 똥을 사용하며 또한 오줌냄새에 의지하여 영역에 냄새표시를 한다. 도르카스가젤들은 위험이 감지되면 코로 오리같은 꽥 소리를 내는데 그 소리를 내는 동안 코는 일시적으로 부풀어 있다.

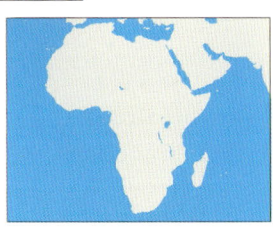

세계 어느 곳에?
아프리카의 북부 지역 전역에 나타난다. 사하라 지역과 아래로는 아프리카까지 살고, 동쪽으로 아라비아 반도에 걸쳐 분포한다.

얼마나 클까?

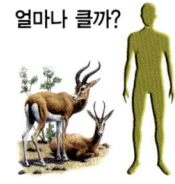

수컷의 뿔
수컷의 뿔은 암컷의 것보다 더 구부러져 있고 더 크며 38cm까지 자란다.

귀
큰 귀는 고요한 사막의 환경에서 소리를 감지하는 것을 돕는다.

암컷의 뿔
암컷들은 더 좁고 곧은 뿔을 가졌다. 길이는 25cm이다.

털
옅은 색은 모래 환경과 잘 조화되어 위장에 도움을 준다. 하얀 아랫부분은 열을 반사할지도 모른다.

살아남기

도르카스가젤들은 숨을 곳이 거의 없는 곳에 살기 때문에 민첩성과 속도에 의존하여 포식자들로부터 도망쳐야 한다.

꼬리는 신호를 위해 사용된다.

히말라야산양
Himalayan Tahr

생태 정보
무게: 36~90kg
길이: 꼬리 포함 99~152cm
성 성숙: 2~3년
짝짓기는 10월에서 1월에 일어난다.
임신 기간: 약 217일
새끼 수: 1마리, 때때로 2마리
6개월까지는 젖을 뗀다.
먹이: 초식.
풀, 나뭇잎, 꽃을 먹는다.
수명: 야생에서 10년
사육되어 20년 이상

히말라야 산 지역의 경사면에 있는 바위투성이의 시골 지역, 삼림 지역에서 만나기 쉽다.

히말라야 산양들은 보통 15마리 정도의 무리를 지어 산다. 하지만 나이든 수컷들이 혼자 다니는 것을 볼 수 있는 것은 아마도 젊은 경쟁자들에 의해 쫓겨난 후일 것이다. 수컷들은 지배권을 위해 싸우는데, 힘겨루기에서 뿔로 맞붙어 싸운다. 산양들은 경계심이 많아서 어떤 작은 암시에도 거친 지형을 어려움 없이 뛰어넘어 가며 사라진다.

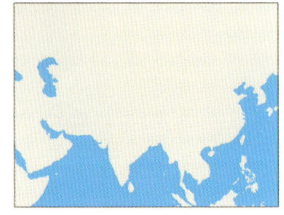

세계 어느 곳에?
아시아, 히말라야 산맥 부근에서 자연발생적으로 나타나며 카슈미르에서 시킴까지 확장된다. 지금은 뉴질랜드에도 도입되었다.

얼마나 클까?

뿔
뿔은 암수 모두에 나타난다. 삼각형이고 끝 부분에서 안쪽으로 굽어 있으며 45cm까지 자란다.

귀
추운 환경에 사는 대부분의 동물들이 그렇듯 귀가 작아 동상의 위험을 줄인다.

갈기
갈기는 수컷들의 독특한 특징이며 겨울에는 털이 더욱 풍성해진다.

다리
다리는 매우 짧고 다부지다.

일상의 틀
히말라야 산양은 보통 한낮에는 바위틈에서 쉬고 아침 저녁으로 먹이를 찾아나선다.

수컷(위)과 암컷(아래)

검은영양
Sable Antelope

생태 정보
무게: 190~270kg
길이: 꼬리 포함 230~330cm
성 성숙: 2~3년
임신 기간: 약 279일
출산은 우기와 일치한다.
새끼 수: 1마리
(새끼는 탄생 후에 10일 동안 숨어 있는다.)
8개월에 젖을 뗀다.
먹이: 초식
풀, 나뭇잎, 꽃을 먹는다.
수명: 야생에서 17년
사육되어 20년

이 큰 영양들은 포식자에게 쫓기면 시속 57km의 속도로 빨리 달아날 수 있다.

'세이블(sable)' 이라는 단어는 '검정색' 의 의전 용어이며 검은 영양의 경우 수컷의 두드러진 색을 묘사하기 위해 적용되었다. 수컷들은 무리를 이끌 우두머리가 되기 위해 서로 도전한다. 심각한 상처를 안기려고 애쓰는 대신 앞다리를 땅에 고정시킨 채 힘겨루기를 하면서 서로 뿔을 맞붙여 싸운다. 그러나 표범 같은 포식자에게 위협을 받으면, 무리와 겨룰 때와는 달리 상대에게 심각한 손상을 주기 위해 뿔과 힘을 사용한다.

세계 어느 곳에?
케냐에서 남아프리카 북부까지, 아프리카의 남동부에서 발견된다. 그곳의 더 넓은 지역으로 재도입된 것이다. 앙골라에 고립된 개체군이 있다.

얼마나 클까?

뿔
반원의 뿔이,
어른 수컷에게서는 165cm,
암컷에서는
100cm에 다다른다.

갈기
목에 있는 이 두터운
털 부분은 사자나
표범의 공격으로부터
보호해 줄 수 있다.

천연색
수컷은 두드러지게
검정색인 반면
암컷과 새끼는
갈색이다.

아랫부분
몸의 아랫부분은 흰색이다.

도피가 아니라 싸움
도전을 받으면 검은영양은 매우 사납고
완강한 것으로 드러난다. 종종 달아나지 않고
꿈쩍도 않는다.

전형적인 전투 자세의 수컷들

173

키르크딕딕
Kirk's Dik-Dik

생태 정보
무게: 2.7~6.5kg
길이: 꼬리 포함 59~83cm
성 성숙: 암컷은 6~8개월부터 수컷은 8~9개월 사이
임신 기간: 155~186일
출산은 매년 두 번의 주요 시기에 일어난다.
새끼 수: 1마리
먹이: 초식.
풀, 잎, 꽃을 먹는다.
적극적으로 소금을 찾지만 마시는 것은 덜 내켜 하며 먹이에서 수분을 얻는다.
수명: 약 10년

작고 잘 놀라는 이 영양들이 불안할 때 내는 소리 '딕딕'에서 이름이 유래되었다.

이 작은 영양들은 많은 포식자들을 마주친다. 포유동물들뿐만 아니라 비단뱀 같은 파충류들과 특히 경계심이 없는 새끼들을 먹고 사는 독수리들까지. 암컷 딕딕은 새로 태어난 새끼를 포식자들로부터 보호하기 위해 숨긴다. 새끼는 최소 2주는 되어야 필요시 전속력으로 달리고 부모들과 함께할 수 있을 정도로 강해진다. 딕딕들은 쫓길 때, 은신처를 향해 독특한 지그재그 형으로 달린다.

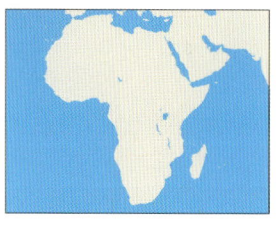

세계 어느 곳에?
소말리아로부터 남쪽으로 케냐와 말라위를 거쳐 동아프리카에 주로 분포한다. 또한 앙골라와 나미비아에 나타나는 완전히 별개의 서부 개체군도 있다.

얼마나 클까?

뿔
수컷만이 뿔을 가지고 있다.
길이는 겨우 11.4cm이며
양 뿔 사이에 긴 털의 앞갈기가 있다.

다리
좁고 탄탄한 다리 덕분에
이 영양들의 발이 빠르다.

분비선
딕딕들은 영역을 표시하는 방법으로
눈 근처의 특별한 분비선의 분비물을 사용한다.

향선은 눈 밑에 위치해 있다.

함께 지내기
딕딕은 짝을 지어 생활한다.
같은 영역을 차지하고 똥으로 경계를 표시한다.
수컷은 불청객이 될 것들을 물리친다.

흰바위산양
Rocky Mountain Goat

생태 정보
무게: 57~69kg
길이: 꼬리 포함 150~165cm
성 성숙: 약 1.5년
임신 기간: 175~180일
새끼 수: 보통 1마리
(2~3마리의 기록도 있다.)
먹이: 풀과 이끼를 뜯어먹고 높이 자란 식물의 잎도 먹는다.
수명: 암컷은 최대 18년
수컷은 최대 14년

이 종의 조상들은 베링 육교가 대륙들을 연결했던 약 18,000년 전에 아시아로부터 북미의 북서부로 건너왔다.

흰바위산양들의 생활은 계절에 따라 눈에 띄게 영향을 받는다. 여름 동안에는 작은 무리를 짓거나 개별적으로 돌아다니는 것이 관찰되나 겨울에는 더 큰 무리를 이룬다. 짝짓기는 이 시기에 일어나고 새끼는 기후가 더 양호한 초여름 동안에 태어난다. 수컷들 사이의 대립은 번식기 동안에 가장 많이 일어나는 것 같다. 하지만 정면으로 부딪쳐 싸우는 대신 상대의 옆구리를 뿔로 들이받아 심각한 상처를 입힌다.

세계 어느 곳에?
알래스카 남부와 캐나다 북서부, 아래로는 미국 국경을 가로질러 남쪽으로 유타와 콜로라도까지, 로키 산맥에 걸쳐서 나타난다. 몇몇 지역들에 재도입되었다.

얼마나 클까?
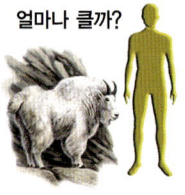

뿔
뿔은 구부러져 있고 암수 모두에 나타나며 20~25cm의 비슷한 길이로 자란다.

꼬리
꼬리는 상당히 짧고 숱이 많으며 털로 잘 덮여 있다.

털
등을 따라 등줄기를 만들고 있는 길고 부드러운 털은 단열 효과가 뛰어나다.

천연색
여름 동안 털은 하얗다. 하지만 겨울에는 더 노래지고 많아진다.

높은 곳에 대한 재능
이 염소들은 발가락의 딱딱하고 날카로운 날 덕분에, 젖거나 얼음에 뒤덮인 절벽의 전면에서 안전하게 발을 디딘다.

-발가락의 밑부분-
제지 장치를 하는 발바닥 살이 보인다.

177

아라비아오릭스
Arabian Oryx

생태 정보
무게: 65~70kg
길이: 꼬리 포함 205~220㎝
성 성숙: 1.5~2년
임신 기간: 255~270일
새끼 수: 1마리
젖떼기는 3.5개월 후에 시작
먹이: 풀을 뜯어먹고,
나뭇잎과 새싹을 먹고 산다.
수명: 사육되어 최대 20년

매우 건조한 지역에서 서식하는 특성상 비를 감지하고 싱싱한 풀을 뜯어먹는 능력은 정말로 놀랍다.

아라비아오릭스의 종은 2차 세계대전 이후에 무자비한 사냥으로 인해 1972년 마침내 야생에서 사라졌다. 그러나 다행히 동물원에 남은 약 500마리로 1982년부터 인공사육을 시작해 이전 분포구역의 일부 지역으로 재도입될 수 있었다. 또한 이 인공사육은 계속되어 2007년, 아랍에미리트연합국에 100마리의 아라비아오릭스를 방출하였다. 이것은 2012년까지 500마리를 야생으로 돌려놓기 위한 계획이다.

세계 어느 곳에?
분포 범위는 한때 시리아, 이라크, 요르단, 이스라엘과 아라비아 반도로 확장되었었다. 지금은 요르단과 아랍에미리트연합국, 오만을 포함한 몇 개 나라의 야생에 놓아졌다.

얼마나 클까?

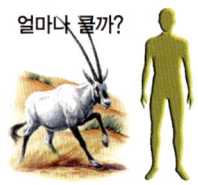

뿔
이랑이 있는 뿔이
암수 모두에 나타난다.
길이가 68cm에 달할 수 있다.

머리의 무늬
얼굴의 독특한 무늬가
눈 밑과 코 위에 있어
이 종을 구별해 준다.

다리
다리는 굽 위의
하얀 털로 된
발목의 띠를
제외하고는
검은색이다.

꼬리
꼬리는 긴 털이 있고
윗부분보다 아랫부분이
더 짙은 색을 띠고 있다.

자세
아라비아오릭스는 사나운 외모에도 불구하고
공격적이지 않다. 그들은 뿔의 위치를 사용하여
의사소통을 한다.

물웅덩이에서 물 마시기

오리비가젤
Oribi Gazelle

생태 정보
무게: 15~21kg
길이: 92~140cm
성 성숙: 암컷은 10개월
수컷은 14개월
임신 기간: 200~215일
새끼 수: 1마리
젖떼기는 3.5개월 후에 시작
먹이: 초식.
풀을 뜯어먹고, 나뭇잎과
새싹을 먹고 산다.
수명: 사육되어 최대 14년

이 우아한 가젤은 아프리카 전역의 초원 지대에 서식한다. 눈 위의 하얀 초승달 모양에 의해 한눈에 알아볼 수 있다.

오리비는 1년 내 한 쌍이나 하나의 수컷에 두세 마리의 암컷으로 이루어진 작은 무리를 지어 산다. 평소에는 '껑충껑충 뛰기'라 불릴 정도로 독특한 점프습성이 있어 몇 발자국마다 공중으로 뛰어오르기를 잘하지만 그들의 크기가 제넷고양이에서 비단뱀까지 다양한 포식자들에게 취약한 크기이기 때문에 스스로를 보호하기 위해 포식자가 못 보고 지나치기를 바라면서 풀 속에서 자리에 꼼짝 않고 서 있는 위장을 한다.

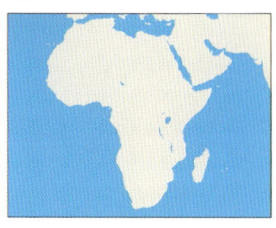

세계 어느 곳에?
사하라의 남부, 아프리카 전역의 적합한 서식지에 광범위하게 분포한다. 원래 라이베리아, 적도 기니와 가봉에만 없다.

얼마나 클까?

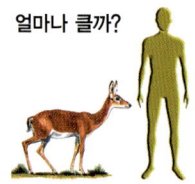

속눈썹
눈에 잘 띄는 속눈썹은
가젤들이 키 큰 풀 속에 있을 때
눈의 부상을 막는데 도움이 된다.

천연색
오렌지빛이나 갈색의 윗부분과
흰색의 아랫부분 사이에
분명한 경계가 있다.

분비선
독특한 점은 커다랗고 둥근
분비선이 각 귀 밑에 있다.
이것은 영역 표시를 위한
냄새를 만든다.

꼬리
꼬리는 짧고 숱이 많으며
몸과 똑같은 색체 조합으로
되어 있다.

위험에서 탈출하기
비비 같은 포식자가 가젤을 잡으려고 할 때,
갑자기 땅에서 뛰어올라 포식자를 혼란시킨다.

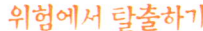
수컷 오르비만이 뿔을 가지고 있다.

사향소
Musk Ox

생태 정보
무게: 180~380kg
길이: 꼬리 포함 210~259cm
성 성숙: 암컷은 3~4년
수컷은 5~6년
임신 기간: 약 255일
새끼 수: 보통 1마리,
때때로 쌍둥이
젖떼기는 10~18개월에 시작
먹이: 초식.
풀과 사초, 관목을 뜯어먹고
산다.
수명: 보통 20~24년

사향소는 들소처럼 보이지만, 거대한 덩치에도 불구하고 양과 염소에 더 가까운 친척이다.

사향소는 독특하게 반전 이동을 한다. 혹독한 북극의 겨울이 다가오면 비바람이 들이치지 않는 저지대가 아닌 바람이 눈을 날려 보내는 황량하고 노출된 고지대로 향한다. 이 덕에 그들은 목초를 찾을 수 있다.
그들의 존재는 종종 늑대들의 위협을 받게 되는데 이때 소들은 송아지들을 가운데 모으고 둥글게 원을 형성한다. 이러한 행위로 종종 포식자의 공격을 단념시키기도 한다. 또한 그들의 뿔의 위력은 늑대들을 죽일 수도 있다.

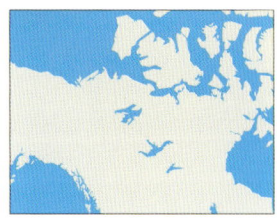

세계 어느 곳에?
알래스카의 서부와 북부, 허드슨 만의 서쪽, 캐나다 북부를 지나 위로 그린란드의 일부 지역에서 나타난다. 서쪽 지역에 더 널리 퍼져 있다.

얼마나 클까?

뿔
뿔은 혹이라 불리는 머리 꼭대기 위의 중앙 부분에 낮게 위치해 있다.

털
털들은 61cm까지 측정되며 사실상 땅에 끌린다.

다리
다리에는 긴 털이 없어 사향소가 눈 속을 더 쉽게 이동하도록 돕는다.

안전하게 지내기
어른(성체) 하나가 고개를 숙인 채 원으로부터 나와 직접 늑대들을 향해 돌진한다. 그동안 다른 것들은 새끼들 주변에 방어막을 유지한다.

암컷(왼쪽)과 수컷(오른쪽)

아르갈리양(산양)
Argali(Mountain Sheep)

생태 정보
무게: 65~180kg
길이: 꼬리 포함 134~214cm
성 성숙: 암컷은 약 2년
수컷은 5년
임신 기간: 150~160일
젖떼기는 약 4개월에 시작
새끼 수: 1마리(때때로 쌍둥이)
먹이: 초식.
풀, 사초 그리고 기타 초목을 뜯어먹고 산다.
수명: 10~13년

아르갈리양은 세계의 야생 양 중 가장 큰 종이다. 불행하게도 이것 또한 멸종될 위기에 있다.

'아르갈리' 라는 이름은 이 양들에 대한 몽골 원주민의 단어이다. 숫양들의 거대한 뿔 때문에 심하게 사냥되어 왔지만 그보다 그들의 생존에 대한 주된 위협은 서식지를 잃는 것이다. 무리는 늑대와 눈표범의 표적이 된다. 반면 새로 태어난 새끼 양들은 독수리와 다른 맹금들에게 쉬운 표적이다. 짝짓기는 초겨울에 일어나고 암양은 이듬해 봄에 출산한다.

세계 어느 곳에?
중앙아시아, 인도 북부에서 1300~6100m 고도의 고지대 전역에 살고 있다. 히말라야 지역에 나타나며 동쪽으로 몽골까지 확장된다.

얼마나 클까?

뿔
수컷들은 거대한
나선식 뿔이 있으며
전체적으로
190cm로 측정된다.
암컷의 뿔은
훨씬 더 작다.

천연색
윗부분은 황갈색에서
회색빛이 도는 갈색에 걸쳐
다양하고 아랫부분은 하얗다.

얼굴
얼굴은 완전히 하얗다.
작은 귀가 뿔 아래
위치해 있다.

발굽
얼룩덜룩한 발굽은
이 양들이 바위투성이
서식지를 기어오를 때
미끄러지지 않게 해준다.

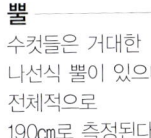

모성 행동
암양은 출산을 위해 혼자 떠나며
무리로 돌아오기 전
새끼와 함께
며칠 동안
머무른다.

아르갈리양은 새끼를 낳지 않을 때는
한쪽 성 그룹으로 산다.

큰뿔야생양
Bighorn Sheep

생태 정보
무게: 45~135kg
길이: 꼬리 포함 160~210cm
성 성숙: 암컷은 약 2.5년
수컷은 약 3년.(하지만 종종 더 나이가 들어서야 새끼를 낳는다.)
임신 기간: 약 175일
젖떼기는 4~6개월에 시작
새끼 수: 1마리
먹이: 초식.
주로 풀을 뜯어먹으나 허브와 다른 작은 식물들도 먹는다.
수명: 최대 14년

광범위한 분포 지역에 걸쳐 산악지대에 나타나는 개체군은 함께 섞이기보다는 국지적으로 남아 있는 경향이 있다.

뿔의 크기는 이 양들의 사회 구조에서 중요한 역할을 한다. 가장 큰 뿔을 가진 수컷들은 도전을 받지 않는다. 하지만 두 수컷이 뿔 크기에 있어서 맞수가 되면, 그들은 무리의 사회적 서열에서 자신의 위치를 위해 싸운다. 산악지대에 사는 큰뿔야생양은 매우 민첩하다. 발을 단단히 딛고 서고 어려움 없이 기어오르고 점프할 수 있다. 이 종의 더 독특한 특징은 그들이 힘차게 수영할 수 있다는 것이다.

세계 어느 곳에?
분포는 북미의 로키 산맥에 집중되며 캐나다 서부의 브리티시 컬럼비아와 앨버타에서 아래로 바하 캘리포니아의 동부 지역까지 확장된다.

얼마나 클까?

암컷의 뿔
수컷의 뿔보다 훨씬
덜 발달되었다. 더 가늘고
두개골 꼭대기에 있다.

수컷의 뿔
수컷의 뿔은 거대하다.
뒤쪽으로 자라다가
머리 꼭대기 높이 아래에서
앞쪽으로 휘어진다.

털
몸의 갈색 빛은
개체들 간에 다양하다.

뿔의 성장
뿔은 수컷에 있어 점차적으로 자란다.
대개의 경우 8살 경부터 두 번째 말림이 시작된다.

새끼 큰뿔야생양은 독수리 같은
포식자들을 피하기 위해 눕는다.

187

무플런
Mouflon

생태 정보
무게: 35~50kg
수컷이 더 무겁다.
길이: 꼬리 포함 127~195cm
높이는 90cm까지
성 성숙: 1년 (2년이 지나도록 새끼를 낳지 않을 수도 있다.)
임신 기간: 148~155일
새끼 수: 1~2마리
젖떼기는 120~125일경 시작
먹이: 초식.
초원의 풀과 작은 식물들을 포함한 초목을 뜯어먹고 산다.
수명: 최대 20년

이 종은 오늘날 가축 양의 원 조상으로 여겨진다.
가축화는 아시아 남서부에서 7,000~11,000년 전에 시작되었다.

이 야생양들은 건조한 산악 지역에서 숫양들은 혼자, 암양들은 새끼들과 함께 무리를 지어 서식한다. 숫양의 뿔이 최대 크기에 이르는 데는 9년이 걸린다. 그때면 뿔은 최대 5kg까지 무게가 나가는데 뿔을 받치는 두개골은 여분의 뼈로 보강되어 겨울의 짝짓기 철 동안 숫양들 간의 뿔싸움에서 머리를 보호해 준다.
무플런은 가축 양과 교배할 수 있다.

세계 어느 곳에?
키프로스와 사르디니아를 포함한 유럽 많은 지역에 도입되어 왔다. 아시아 남서부에서 발견되며 이란과 카프카스 산맥 지역의 일부를 지나 확장된다.

얼마나 클까?

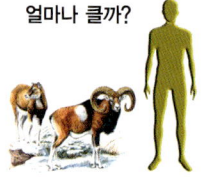

천연색
암양은 숫양보다 더 색이 고르다.

뿔
뿔은 뒤로 휘어진 후 앞으로 말린다. 수컷에서만 나타난다.

크기
무플런은 야생 양에서도 작은 종중의 하나이다.

외모
숫양들은 풍부하고 짙은 적갈색이고, 겨울에 더 두꺼워지는 짧고 윤이 나는 털을 가지고 있다.

눈
홍채는 노란빛깔이다. 이 양들은 훌륭한 시력으로 잘 알려져 있다.

싸우고 있는 무플런 숫양들

최초의 생물 복제 성공
그 수의 심각한 감소로, 과학자들이 2001년 무플런을 성공적으로 복제했으며 다른 멸종 위기의 종들에도 희망을 주고 있다.

야크
Yak

생태 정보
무게: 305~820kg
길이: 꼬리 포함 최장 385cm
높이 200cm
성 성숙: 6년
임신 기간: 약 258일
새끼 수: 매 2년마다 1마리
1세까지는 젖을 뗀다.
먹이: 초식.
풀뿐만 아니라 다른 식물들과 덩이줄기들도 먹는다.
수명: 최대 23년

야생 야크는 이제 드물다. 약 1,400만 마리의 가축 야크와 대조적으로 살아남은 개체수는 15,000마리가 채 되지 않는다.

야크의 가축화는 일만 년도 더 전에 시작되어 오늘날의 경제에도 중요한 역할을 하고 있다. 가축 야크들은 야생 동족들보다 크기가 더 작고 색이 더 다양하다. 이만큼 환경에 강한 동물은 거의 없다. 야크들은 겨울에 기온이 빙점 훨씬 이하로 떨어지는 지역들에서 발견된다. 사실 그들은 더운 날씨를 불편해 한다. 야크들은 9월에 짝짓기를 하며 황소들은 암소를 두고 싸운다.

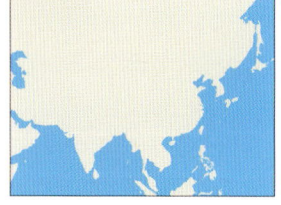

세계 어느 곳에?
보통 티벳의 고도 4000~6000m에서 발견된다. 또한 중국, 인도 그리고 멸종되지 않았다면 네팔에서도 나타난다.

얼마나 클까?

뿔
뿔은 위로 구부러진다.
수컷은 95cm까지
자라며 암컷은
더 짧다.

머리와 어깨
머리는 상대적으로
낮게 위치해 있고
어깨는 독특한
혹 모양을 가지고 있다.

털
검정빛이 도는 갈색이나,
매우 드물게 금빛털로 된
개체군들이 알려져 있다.

다리와 발
야크들은 짧은 다리와
미끄러지는 것을 방지하기 위한
곁발굽이 있는 커다란 발굽을
가지고 있다.

고원에서의 싸움
두 마리의 황소는 번식기 동안 맞붙는다. 그들이 독특한
으르렁 소리를 내는 것 또한 일 년 중 이맘때이다.

야생 야크(왼쪽)와 가축 야크(오른쪽)

리드벅
Mountain Reedbuck

생태 정보
무게: 약 30kg
길이: 꼬리 포함 138~190cm
성 성숙: 9~24개월
임신 기간: 약 248일
새끼 수: 1마리
(어미는 출산 후 처음 2개월 동안 매일 30분씩만 새끼와 보낸다. 무리로부터 떨어져서 새끼에게 젖을 먹인다.)
먹이: 초식.
주로 풀을 뜯어먹으나 나뭇잎도 먹는다.
수명: 최대 10년

리드벅은 빽빽한 삼림 지역에 서식한다. 몇 마리의 암컷과 한 마리의 수컷으로 구성된 작은 무리를 지어 산다.

리드벅은 위협 받을 때는 단거리선수이다. 이 점이 사냥꾼들을 힘들게 한다. 그들은 짧은 꼬리를 세워 흰 아랫면을 드러내며 도망친다. 때때로 발각되지 않으려고 초목에서 몸을 낮추어 숨기도 한다. 새끼는 연중 아무때나 태어날 수 있다. 하지만 우기에 출산이 가장 많다.

세계 어느 곳에?
카메룬 북부, 수단 일부 지역, 에티오피아, 우간다, 케냐 그리고 탄자니아. 남쪽으로 모잠비크, 보츠와나와 남아프리카의 적절한 서식 지역.

얼마나 클까?

귀
귀는 길고 가늘며
머리 뒤쪽에 자리잡고 있다.
리드벅이 놀라면 똑바로 선다.

뿔
뿔은 35cm까지 측정된다.
수컷의 이랑진 뿔은 앞쪽으로
점점 가늘어져 끝이 날카롭다.

키
이 영양들은 높이가
어깨에서 약 75cm이다.

천연색
몸의 전체적인 색은 갈색빛이 도는 회색털이나
아랫부분은 흰색이다.

지배 수컷
각 수컷 리드벅은
영역을 유지한다.
다른 것들로부터 방어하면서
48ha까지 확장한다.

새끼는 포식자들을 피해 풀 속에 숨는다

샤무아 (알프스산양)
Chamois (Gemse)

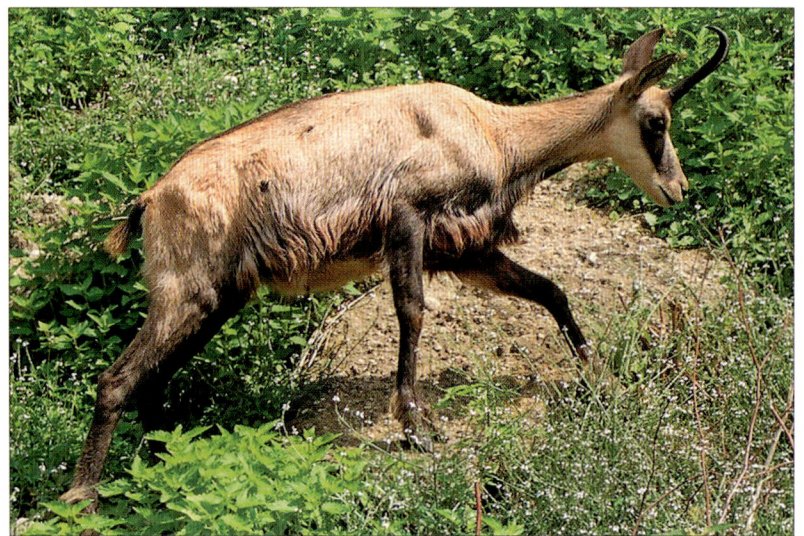

생태 정보
무게: 14~62kg
길이: 꼬리 포함 120~145cm
성 성숙: 암컷은 약 2.5년
수컷은 3.5~4년
임신 기간: 약 170일
새끼 수: 1마리, 때때로 2~3마리
약 6개월까지는 젖을 뗀다.
먹이: 초식.
풀을 뜯어먹고 살지만 키 큰 식물의 잎도 먹는다.
수명: 보통 14년(최대 22년)

이 산양들은 가죽 때문에 광범위하게 사냥되었었다. 그 가죽은 차와 유리의 윤을 내는데 사용되는 샤무아 가죽으로 제조되었다.

여름에 샤무아 무리들은 고산 초원의 식물들을 뜯어먹는다. 하지만 겨울에는 더 낮은 고도에서조차 식량을 구하기 어려워 소나무의 새싹을 먹을 것이다. 그리고 2주 동안 전혀 먹지 않고 살아남을 수 있다고 알려져 왔다. 샤무아와 특히 그의 새끼들은 곰과 늑대를 포함한 종들에게 먹이가 될 수 있다.

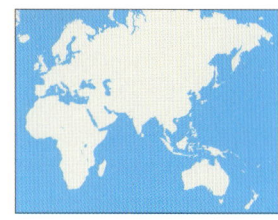

세계 어느 곳에?
유럽 중부와 남부의 산악 지대, 특히 알프스 산맥과 카르파티아 산맥에서 발견된다. 소아시아의 일부 지역들을 지나 카프카스 산맥까지 확장된다.

얼마나 클까?

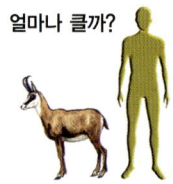

털
털은 외관상 1년 내내 다양하다. 여름 동안은 길이가 더 짧고 색은 더 옅어진다.

뿔
뿔은 20cm까지 측정되고 암수 모두에게 나타난다. 상당히 가느다랗고 끝 부분이 뒤로 구부러져 있다.

발굽
샤무아들은 발굽에 약간 탄력있는 패드를 가지고 있다. 그것은 충격 흡수장치의 역할을 하며 균형을 유지하도록 돕는다.

생존을 위한 싸움
만약 암컷 샤무아가 죽으면 새끼는 무리의 다른 구성원들이 돌보아 준다. 죽음은 겨울 동안 가장 흔하다.

여름 털 색깔(위)과 겨울 털 색깔(아래)

사이가영양(큰코영양)
Saiga

생태 정보
무게: 21~51kg
수컷이 더 무겁다.
길이: 꼬리 포함 114~159cm
높이는 최대 80cm
성 성숙: 암컷은 8개월
수컷은 약 1년 후
임신 기간: 140일
새끼 수: 첫 번째 배에서 1마리, 이후 2마리
젖떼기는 120~160일 시작
먹이: 초식.
풀, 작은 식물과 이끼를 포함한 초목을 뜯어먹고 산다.
수명: 6~10년

동양 의학 때문에 수요가 높은 사이가영양의 뿔을 얻기 위한 무절제한 사냥으로 개체수가 점점 줄어들고 있다.

사이가의 이상하게 생긴 콧구멍은 부풀릴 수 있어 여름에 주로 먼지를 제거하는 필터 역할을 한다. 반면 겨울에는 콧구멍 주변의 체열이 혹독히 추운 공기가 폐로 들어가기 전에 따뜻해지게 한다. 무리는 여름에는 더 나은 목초지를 위해 북쪽으로 이동하고, 그들의 분포 지역에서 최악인 겨울 날씨를 피하기 위해 다시 남쪽으로 향한다. 이때가 발정기가 시작되고 수컷들 사이의 싸움이 종종 잔혹해지는(실제로 이 기간에 다수가 죽는다) 때이다.

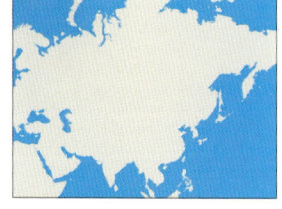

세계 어느 곳에?
흑해 부근에서 동쪽으로 러시아의 건조한 스텝지대를 지나 중국 북서부까지. 몽골에 독립된 개체가 있다.

얼마나 클까?

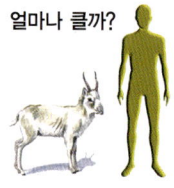

뿔
수컷에서만 나타나는 뿔은
끝 부분을 제외하고는 이랑을 이루고 있고,
길이 25cm까지 자란다.

코
코는 폭이 넓고
코끼리 코 같은
모양의 구조이다.
뚜렷이 특징지어지는
콧구멍이 있다.

외모바꾸기
사이가의 겨울털은
여름털보다 색이 훨씬 옅어
설경에 효과적인 위장술을 발휘한다.

다리
다리는 다부진 몸에 비해
다소 가늘어 보인다.

아랫부분
여름털과 대조적으로
흰색이 몸의 아랫면
전체를 따라 확장된다.

단면도로 본 콧구멍

동시 출산
출산은 조정된다. 그래서
모든 암컷들이 동시에 송아지를 출산한다.

노란등다이커
Yellow-Backed Duiker

생태 정보
무게: 45~80kg
길이: 꼬리 포함 126~165cm
성 성숙: 암컷은 9개월~1년
수컷은 1~1.5년
임신 기간: 약 217일
새끼 수: 1마리, 때때로 2마리
약 5개월까지는 젖을 뗀다.
먹이: 초식.
풀을 뜯어먹고 키 큰 식물들의
잎을 먹는다. 과일, 씨앗,
버섯을 먹는다.
수명: 보통 10~12년

다이커는 '잠수부(다이버, diver)'에 해당하는 아프리카 단어로 놀라서 덤불 속으로 사라지는 습성 때문에 붙여진 이름이다.

노란등다이커들은 빽빽한 숲에 서식한다. 보통 한 쌍이 영역을 공유하며 그것을 지키기 위해 암수가 적극적으로 싸운다. 천성적으로 야행성인 이 영양들은 대게 덤불 속에 낮 동안 쉴 장소를 정한다. 그들은 놀라면 노란색 털을 세우고 경고의 삑삑 소리를 내며 관목 속으로 사라져 추적하기 힘들게 한다. 하지만 비단뱀 같은 포식자들에게 매복 기습을 당할 수도 있다.

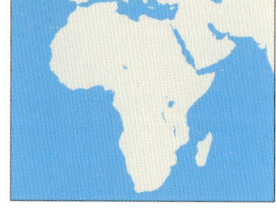

세계 어느 곳에?
세네갈에서 콩고 그리고 남쪽으로 잠비아까지 아프리카의 서부와 중부 지역의 적절한 서식지에서 발견된다. 케냐에 고립된 개체군이 있다.

얼마나 클까?
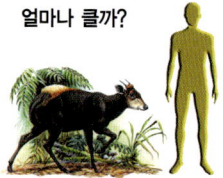

뿔
암수 모두에게 있으며 좁고 뾰족하고 약 20㎝ 길이까지 자란다.

천연색
다 자란 것들은 주로 갈색이 도는 검정색이며 선명한 흰빛이 나는 오렌지색 털 부분이 등에 자란다.

다리
다부진 몸에 비해 다리는 비교적 가늘다.

얼굴 분비선
이 분비선은 영역을 냄새로 표시하기 위해 암수 모두 사용된다.

외모 변화
새끼들은 다 자란 것들보다 색이 더 연하고, 독특한 노란색 부분은 5개월이 되어서야 생긴다.

뿔은 효과적인 제지물임을 보여준다.

아프리카물소 (아프리카들소)
African Buffalo

생태 정보
무게: 250~900kg
수컷이 더 무겁다.(숲에 사는 것들과 비교하여 평원 개체 출신의 버팔로가 그렇다.)
길이: 220~450cm
성 성숙: 3.5~5년
임신 기간: 약 340일
새끼 수: 1마리, 드물게 2마리
젖떼기는 6개월에 일어난다.
먹이: 초식.
풀, 허브 그리고 습지 식물을 먹고 산다.
수명: 야생에서 18년
사육되어 최대 29년

겁이 없고 무시무시한 뿔로 무장된 이 물소는 아프리카의 모든 동물들 중 가장 위험한 존재로 손꼽힌다.

평원 아프리카 물소와 삼림 아프리카 물소 사이의 외모에 있어 중요한 차이는 그들의 환경과 연관이 있다. 삼림에 사는 것들은 길이가 30cm에 불과한 뿔을 가지고 있다. 그곳에서는 커다란 뿔이 장애가 될 수 있기 때문이다. 또한 삼림 물소들의 작은 크기는 초목들 속에서 더 움직이기 쉽게 하고 또 위험한 순간에는 쉽게 탈출할 수 있게 한다. 작은 무리를 형성하여 소처럼 음매하고 우는 소리로 서로 연락한다.

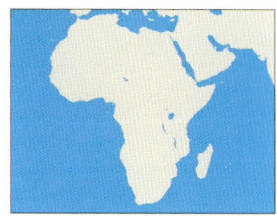

세계 어느 곳에?
사하라의 남부, 아프리카 대부분에서 발견된다. 하지만 기니와 인근 지역들에 산발적으로 분포한다. 대체로 아프리카 대륙의 남부에는 이제 없다.

얼마나 클까?

뿔
수컷의 뿔은 특별히 크다.
길이가 최대 160㎝에 달한다.

천연색
수컷 평원 물소들의 검정색에서부터
숲에 서식하는 물소들의 빨간색까지
다양하다.

몸의 형태
넓은 가슴과 근육이 발달한 원통형 몸은
이 물소들의 힘을 강조한다.

가려움
나무 둥치에 몸을 긁는 것은
진드기에 의해 생긴 아픔을 완화시켜 준다.
소등쪼기새 (oxpecker, 아프리카산
찌르레기과 Buphagus속의 새)라
불리는 새들이 종종 버팔로의
몸에서 진드기를 제거한다.

머리 위의 뿔 부분은
혹으로 묘사된다.

일런드
Eland

생태 정보
무게: 440~900kg
길이: 꼬리 포함 310~380cm
높이는 최대 182cm
성 성숙: 암컷은 15개월~3년
수컷은 4~5년
임신 기간: 약 279일
새끼 수: 1마리
젖떼기는 6개월에 시작
먹이: 초식.
풀과 허브를 뜯어먹고 키 큰 식물의 잎도 먹는다.
수명: 최대 25년

이 일런드에 대해 '거대한'이라는 묘사는 전체 몸 크기보다는 최대 120cm까지 자라는 뿔과 관련이 있다.

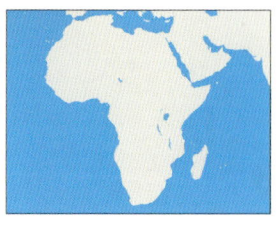

세계 어느 곳에?
주로 중앙아프리카. 카메룬, 차드의 남부 그리고 중앙아프리카 공화국에서 수단의 남서부까지. 서아프리카의 작은 지역에서도 발견된다.

이 일런드들은 평균 20마리의 무리를 지어 살지만 최대 60마리까지 구성된 더 큰 무리들도 보고되었다. 무리의 구성원들은 일 년 내내 함께 지낸다. 수컷들은 천성적으로 상당히 조용한 경향이 있는데 그들이 야행성이고 낮 동안에는 숨어 있기 때문에 쉽게 관찰되지 않는다. 만약 은신처에서 적발되면, 시속 약 70km의 속도로 달아날 수 있다. 그들의 분포 범위는 최근 사냥의 압박으로 줄어들었다.

얼마나 클까?
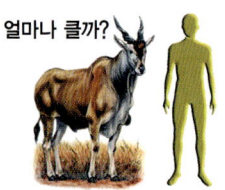

무늬
회색빛이 도는 하얀색의
연쇄적인 평행 줄무늬는
어깨 뒤에서부터 몸의
각 측면의 아래로 이어진다.

뿔
곧고 나선을 이루는 뿔은
최대 120cm까지 측정된다.

목 밑에 처진 살
피부의 이 주름은
가슴까지 확장되며
암컷보다 수컷이 더 크다.

육중한 몸에도 불구하고
이 일런드들은 150cm 이상
뛰어오를 수 있다.

초기의 순간들
출산은 위험한 시기이다. 하지만 새끼들은
태어난 지 몇 분 안에 일어나 걸을 수 있다.

203

네뿔영양
Four-Horned Antelope

생태 정보
무게: 15~25kg
길이: 꼬리 포함 100~125cm
높이 약 61cm
성 성숙: 1~2년
임신 기간: 232~248일
새끼 수: 1~3마리
젖떼기는 6개월에 시작
먹이: 초식.
풀과 허브를 뜯어먹고 키 큰 식물의 잎도 먹는다. 또한 과일도 먹는다.
수명: 최대 10년

이 종은 수컷들만이 뿔을 가지고 있다. 보통 이마에 짧은 뿔 한 세트가 있고 뒤에 더 긴 뿔 한 쌍이 있다.

'chousingha' 라고도 알려진 이 특별한 영양은 보통 개울과 강 근처의 물 가까이에서 발견된다. 네뿔영양은 낮 동안에 활발히 움직이나, 천성적으로 혼자 다니기 때문에 발견하기가 쉽지 않다. 번식은 몬순과 동시에 일어나고 6월에서 9월까지 이어진다. 수컷들은 이 시기에 공격적이 되며, 영역을 표시하기 위한 특별한 냄새 분비선이 눈 밑에 있다. 위협받으면 독특한 허스키한 소리를 낸다.

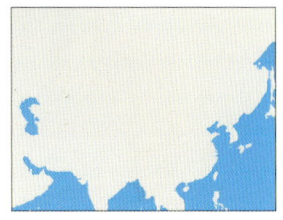

세계 어느 곳에?
인도에서 나타난다. 기르 숲에서부터 동쪽으로 오릿사까지 그리고 갠지스 강의 남부에서 아래로 타밀나두 주까지 확장된다. 네팔에서도 발견된다.

얼마나 클까?

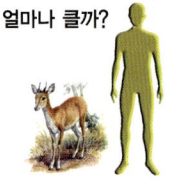

뿔
두 번째 쌍의 뿔은 영양이 14개월쯤 되면 나타난다.

천연색
노란빛을 띠는 갈색이며 몸 아랫부분과 다리의 맨 아랫부분은 하얗다.

다리 줄무늬
검은 줄이 앞다리 윗부분의 중심을 따라 이어져 내려온다.

일어서기
이 종의 날씬한 뒷다리는 식물의 잎을 쉽게 따먹을 수 있게 한다.

위험에서 달아나기
경계하는 천성과 날렵한 움직임은 호랑이 같은 가망 포식자들로부터 네뿔영양을 보호해 줄 수 있다.

한 쌍의 뿔을 가진 새끼 네뿔영양

쿠두
Greater Kudu

생태 정보
무게: 120~315kg
수컷이 더 무겁다.
길이: 215~300cm
높이는 최대 160cm
성 성숙: 암컷은 15~21개월
수컷은 21~24개월
임신 기간: 약 279일
새끼 수: 1마리
젖떼기는 180일경 시작
먹이: 초식.
잎과 새싹을 뜯어먹고,
가뭄 동안 야생 수박 같은
과일을 찾는다.
수명: 7~8년
사육되어 최대 23년

쿠두는 모든 영양들 중 가장 크고, 가장 인상적인 동물이다. 그 크기에도 불구하고 수영도 잘한다.

수컷들은 천성적으로 혼자 다닌다. 반면 암컷들은 새끼들과 함께 무리를 이룬다. 암컷은 뿔뿐만 아니라 목 위의 긴 털과 하얀 V형 무늬도 없다. 수태한 암컷은 출산하기 위해 무리를 떠난다. 그리고 나서 최대 5주 동안 덤불에 새끼를 숨긴다. 이후에 새끼 쿠두는 걷기 시작하고 한동안 어미를 따른다. 송아지가 4개월쯤 되면, 그들은 무리에 다시 합류한다.

세계 어느 곳에?
아프리카의 동부와 서부 지역들. 특히 앙골라와 나미비아에서 짐바브웨와 모잠비크를 거쳐 발생한다. 북쪽으로 차드, 수단, 에리트레아와 에티오피아까지 발견된다.

얼마나 클까?

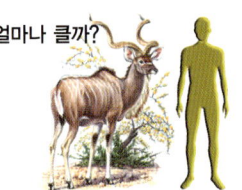

갈기
한 줄의 긴 털이 등을 따라 이어진다.
목에는 눈에 띄는 턱수염이 있다.

뿔
수컷의 멋진
나선형 뿔은
길이가 182cm까지
이를 수 있다.

줄무늬
몸의 측면에 있는
줄무늬는 쿠두의
윤곽을 분산시켜
존재를 감춘다.

V형 무늬
흰털 부분이
두 눈을 연결한다.

도망치기
위험을 감지하면 쿠두는
처음에는 꼼짝 안하고
발각을 피하길 바란다.
하지만 그들은 필요하면
잘 달리고 뛰어오르기도 한다.

뿔은 나이를 먹으며 발육한다.

쌍봉낙타
Bactrian Camel

생태 정보
무게: 600~1000kg
길이: 꼬리 포함 350cm
높이는 최대 230cm
성 성숙: 암컷은 3~4년
수컷은 5~6년
임신 기간: 365~430일
새끼 수: 1마리, 때때로 2마리
젖떼기는 1~2세에 시작
먹이: 초식.
풀을 뜯어먹고 키 큰 식물들의 잎을 먹는다.
수명: 최대 40년

이 낙타의 가축화는 4500년 이전에 시작되어 오늘날 가축 품종은 2백만 이상이 있지만 야생 개체는 멸종 위기에 있다.

쌍봉낙타는 일 년 내내 극한의 기온에 노출되는 혹독한 환경에 산다. 빽빽한 겨울털은 기후 변화에 따라 덩어리째 빠진다.

낙타가 종종 '사막의 배'로 묘사되는 것은 부분적으로 좌우로 건들거리는 걸음걸이 때문이다. 몸의 한쪽 면에 있는 두 다리를 앞으로 함께 움직이고 다른 쪽 측면에 있는 다리들이 뒤따르는 독특한 걸음 방식이다.

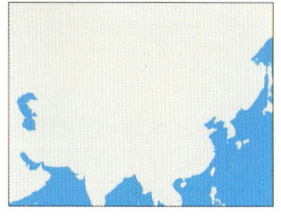

세계 어느 곳에?
야생 쌍봉낙타들은—가축화된 낙타들 또는 야생의 생활로 다시 돌아간 야생 낙타들과 뚜렷이 구별되는— 아시아의 고비 사막에서 발견된다.

얼마나 클까?

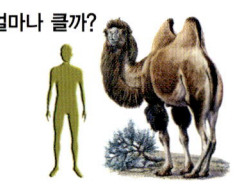

턱수염
긴 턱수염이
목 아랫부분으로
이어진다. 이곳의 털은
길이가 25cm이다.

혹
혹은 지방 저장고이며
낙타의 상태를
나타내 준다.
잘 먹은 낙타는
옆으로 경사지지 않은
곧게 선 혹을
가지고 있다.

일어서기
땅에서 일어나기 위해
후반신을 들어올리고 나서
앞다리로 짚고 일어선다.

발
각 발의 두 발가락은 낙타가 걸을 때 벌어지며
모래 속으로 가라앉는 것을 막는다.

다용도의 동반자
낙타는 물건을 몸에 매달아
다발로 나르는데 가치가
있을 뿐 아니라 젖도 제공한다.

긴 속눈썹은 낙타의 눈에
모래가 늘어가시 않게 한다.

단봉낙타
Dromedary Camel

생태 정보
무게: 600~1000kg
길이: 꼬리 포함 350cm
높이는 최대 210cm
성 성숙: 암컷은 3~4년
수컷은 5~6년
임신 기간: 약 365~400일
새끼 수: 1마리, 때때로 2마리
젖떼기는 1~2세에 시작
먹이: 초식.
풀을 뜯어먹고 키 큰 식물들의 잎을 먹는다.
수명: 최대 40년

이 종은 약 2000년 전에 이미 멸종되었고 오늘날의 약 1500만 개체는 모두 가축화된 무리의 후손들이다.

단봉낙타는 오직 하나의 혹을 가지고 있다고 생각되지만, 실제로는 어깨 부분에 눈에 잘 띄지 않는 두 번째 혹이 있다. 이 동물들은 오랫동안 물을 마시지 않고 살 수 있어 사막의 생활에 잘 적응한다. 초목에서 수분의 일부를 얻으며, 단봉낙타들이 물을 마실 때는 한 번에 최대 571리터의 물을 마실 수 있다.

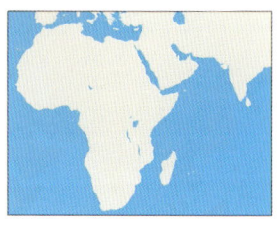

세계 어느 곳에?
아프리카 북부 전역에 분포한다. 그리고 아라비아와 중동을 거쳐 인도의 북서쪽까지, 호주 중부의 일부 지역들에 도입되었다.

얼마나 클까?

혹
단봉낙타들은 등 한가운데에 커다란 혹 한 개가 있다.

천연색
야생 색은 보통 밝은 갈색이었다.

풍선처럼 부푼 조직
수컷 단봉낙타들은 연구개가 입 밖으로 늘어지게 한다.

무릎
딱딱한 피부의 못이 낙타가 눕는 곳인 무릎에 형성된다.

발의 아랫면
발을 형성하는 두 개의 발가락은 낙타가 움직일 때 그 무게를 흡수한다. 각 발가락에는 발톱이 있다.

단봉 또는 아라비아 낙타(위)와 쌍봉낙타(아래)

라마
Llama

생태 정보
무게: 127~204kg
길이: 꼬리 포함 350cm
높이는 최대 210cm
성 성숙: 암컷은 1년
수컷은 약 3년
임신 기간: 331~350일
새끼 수: 1마리,
매우 드물게 2마리
6개월쯤에 젖을 뗀다.
먹이: 초식.
풀을 뜯어먹고 키 큰 식물의
잎을 먹는다.
수명: 15~20년

라마의 조상들은 약 4천만 년 전에 북미에서 유래되었을 것으로 추정되며 3백만 년 전에 남미로 건너갔을 것으로 여겨진다.

라마의 번식 싸이클은 독특하다. 이 종은 유도 배란을 하기 때문이다. 이것은 암컷이 대부분의 포유동물들처럼 주기적인 발정기를 가지고 있지 않다는 것을 의미한다. 하지만 짝짓기에 대한 반응으로 배란하여 임신 발생의 가능성을 매우 높인다. 짝짓기는 45분까지 지속되며 라마들은 누워서 짝짓기를 한다. 새끼가 태어났을 때 암컷은 새끼를 핥아주지 못한다. 혀가 입 밖으로 겨우 1.25cm 정도 밖에 안 나올 만큼 매우 짧기 때문이다.

세계 어느 곳에?
오늘날 라마와 그 친척들은 남미의 안데스 산맥 지역으로 자연스럽게 한정되었다. 하지만 그들은 또한 전 세계에서 광범위하게 길러진다.

얼마나 클까?
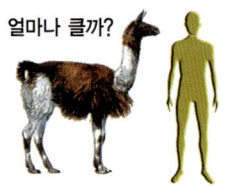

속눈썹
라마는 속눈썹이 없다. 하지만
가까운 친척인 알파카에게는 있다.

귀
귀는 높고, 길이를 따라 좁아지며
바나나 모양이라고도 한다.

꼬리
꼬리는 짧으며
몸에서처럼 빽빽하고
부드러운 털로 뒤덮여 있다.

천연색
라마들은 흔히 흰색이나
갈색 또는 이 색들이 섞여 있다.

키 작은 사촌, 알파카와 함께 있는
키 큰 라마. 알파카의 털은 특히 소중하다.

고약한 성격
라마들은 놀라거나 화가 나면,
기분 나쁜 녹색 빛이 나는 풀 같은
침을 뱉음으로써 불쾌함을 표현한다.

비쿠냐
Vicuña

생태 정보
무게: 45~55kg
수컷이 더 무겁다.
길이: 꼬리 포함 161~184cm
높이는 최대 96cm
성 성숙: 약 24개월
임신 기간: 330~350일
새끼 수: 1마리
6~8개월 후에 젖을 뗀다.
먹이: 초식.
주로 풀을 먹는데 이것은 치아에 심한 마모를 가져온다.
수명: 야생에서 20년
사육되어 최대 25년

비쿠냐는 낙타과의 가장 작은 구성원이며, 매우 부드러운 털 때문에 수세기에 걸쳐 대단히 귀하게 여겨졌다.

비쿠냐는 우세한 수컷에 의해 통제되는 가족 단위로 살며 낮 동안에 풀을 뜯어먹는다. 그들은 퓨마의 공격에 취약할 뿐만 아니라 새끼들 또한 여우로부터 위험에 처해 있다. 비쿠냐는 계속해서 위험을 경계하며 날카로운 휘파람 소리로 무리의 다른 구성원들과 의사소통한다. 희박한 산 공기 속에서 시속 50km까지의 속도로 달릴 수 있는 비쿠냐는 진한 혈액을 몸 전체에 효과적으로 내보내기 위해 심장이 확장된다.

세계 어느 곳에?
남미의 서부. 페루, 볼리비아, 칠레 그리고 아르헨티나의 안데스 산맥 지역의 고도 3500~5800m에서 발생한다.

얼마나 클까?

머리
머리는 매우 작고
쐐기형태이며, 귀는
삼각형 모양이다.

천연색
등쪽의 털은 밝은 갈색이고
배쪽은 흰색이다.

치아
비큐나는 입 앞 부분에
앞니가 평생 동안 자라는
유일한 우제류이다.

갈기
가슴에 있는 이 독특한 갈기는
길이가 30cm에 이르는 털이다.

새끼는 상주하는 수컷에 의해
무리에서 내쫓길 것이다.

휴식
황혼이 내리면, 무리의 구성원들은 높은
고도에 있는 독립된 곳으로 물러나서 잠을 잔다.

노루
Roe Deer

생태 정보
무게: 18~29kg
길이: 꼬리 포함 95~135cm
높이는 최대 67cm
성 성숙: 14개월
임신 기간: 최대 294일
새끼 수: 1마리, 때때로 2마리
젖떼기는 6~10주에 일어난다.
(새끼 사슴들은 그들의 첫 번째 겨울 내내 간간이 젖을 뺀다.)
먹이: 초식.
풀을 뜯어먹고 잎과 관목들을 먹는다.
수명: 10~14년

**천성적으로 겁이 많은 이 사슴들은 관찰하기 쉽지 않다.
수컷의 뿔은 가을마다 탈락된 후 또 다시 25cm 길이까지 자란다.**

이 사슴들은 혼자 다닌다. 암수 모두 자신만의 영역을 차지하고 있으며 짝짓기를 위해서만 합친다. 짝짓기는 여름에 일어나지만 수정란은 자성생식관 안에서 가사 상태로 남아있을 수 있다. 최대 5개월 후에 난자는 마침내 암컷의 자궁벽에 착상되고 발육을 시작한다. 이것은 이듬해에 더 유리한 상황에서 새끼사슴을 출산한다는 것을 의미한다.

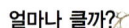

세계 어느 곳에?
유럽과 아시아 전역에서 발견되지만 영국과 웨일즈의 대부분의 지역과 아일랜드에는 없다. 그들의 분포 범위는 동쪽으로 시베리아까지 확장된다.

얼마나 클까?

천연색
색은 연중 다양하며
겨울에는 훨씬 더 짙어진다.

귀
크고 움직이는
귀 덕분에
대단한 청력을
가지고 있다.

엉덩이
털과 대조적으로
이 부분은 색이 하얗다.

새끼
새끼 노루는 등에 하얀 반점들이 있으며
양 측면으로 확장된다.

겨울의 생존
눈이 오면, 삼림 관리자들은
달가워하지 않지만 노루는 먹기 위해
나뭇가지를 끌어당겨 내릴 수밖에 없다.

가지진 뿔의 형태는 나이에 따라 변한다.

액시스사슴
Chital Deer

생태 정보
무게: 75~100kg
수컷이 더 무겁다.
길이: 꼬리 포함 130~170cm
높이는 최대 95cm
성 성숙: 1년
임신 기간: 약 220일
새끼 수: 1마리
젖떼기는 약 6개월 후에 시작
먹이: 초식.
주로 풀을 뜯어먹지만 또한 키 큰 식물의 잎도 먹고 산다.
수명: 야생에서 최대 12년 사육되어 20년

액시스사슴 또는 얼룩사슴이라고도 알려져 있는 이 종은 탁 트인 시골, 경작지 근처에서 가장 보기 쉽다.

액시스사슴은 30마리까지의 무리를 지어 살지만 때때로 최대 100마리의 무리로 발견되기도 한다. 무리는 암컷들과 새끼들로 이루어지며 보통 한 마리의 수사슴이 이끈다. 열대 지역에서는 번식이 연중 어느 때나 일어날 수 있으며 수사슴들은 자신의 하렘을 건설하고 유지하기 위해 싸운다. 그들은 도전을 받으면 크게 울부짖으면서 경쟁자를 겁먹게 한다. 무리는 호랑이와 표범 같은 포식자들의 공격에 취약하다.

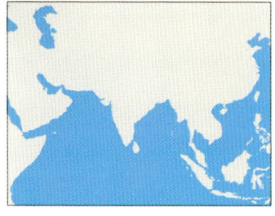

세계 어느 곳에?
인도 아대륙 전체와 스리랑카 섬에서 나타난다. 유럽 일부 지역과 호주, 미국을 포함한 다른 곳들에도 도입되었다.

얼마나 클까?

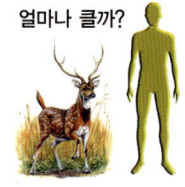

가지진 뿔
뿔은 세 개의 뾰족한 끝 즉 뿔가지를 가지며 오직 수컷에게만 나타난다.

꼬리
꼬리는 비교적 길고, 똑바로 세웠을 때 하얀 밑면을 보인다.

천연색
윗부분은 적갈색이며 하얀 반점들이 줄을 이룬다.

체격
수컷은 암컷보다 체격이 단단하다. 더 두꺼운 목과 더 큰 가슴은 수컷이 뿔로 싸울 때 도움이 된다.

자유식사
무리는 일군의 원숭이들이 나무 위에서 흔들어 떨어진 과일을 찾기 위해 나무 아래 모인다. 액시스사슴은 땅에서 먹이를 먹는 것을 선호한다.

뿔 모양이 변화

엘크
Elk

생태 정보
무게: 암컷은 270~360kg
수컷은 380~720kg
길이: 꼬리 포함 130~170cm
높이는 최대 213cm
성 성숙: 2~3년
임신 기간: 226~246일
새끼 수: 1마리, 때때로 쌍둥이
(드물게 세 쌍둥이)
젖떼기는 약 6개월 후에 시작
먹이: 초식.
주로 풀을 뜯어먹으나
키 큰 식물의 잎도 먹는다.
수명: 8~12년

이 종은 유럽에서는 엘크, 북미에서는 무스로 알려져 있다. 북미에서 엘크라고 불리는 건 완전히 다른 종류의 사슴이다.

수컷의 거대한 뿔은 10월경의 짝짓기 기간이 끝날 때까지만 달려 있다. 새로운 쌍의 뿔이 봄 동안 자라기 시작하여 3~5개월 후 완전한 크기에 달한다. 뿔은 펠트라 불리는 피부의 보호층으로 덮인 채 나타나며, 나중에 탈락된다. 다 자란 수컷 엘크는 대게 크기만으로도 더 작은 경쟁자들과 포식자들을 막기에 충분하다. 하지만 암컷과 새끼들은 늑대에 취약하다.

세계 어느 곳에?
북반구 지역에 나타난다. 유럽의 일부 지역들, 아시아, 알래스카에서 캐나다를 지나 아래로 미국의 북동부 지역들과 와이오밍까지의 북미에서 발생한다.

얼마나 클까?

털
속이 빈 털은
추위로부터 엘크를
보호하는데 도움이 된다.

뿔
수컷의 폭이 넓은 뿔은
'손바닥 모양'이라고 묘사된다
(여러 개의 돌출부를 가지고 있는 것을
의미한다). 끝에서 끝까지의
길이는 최대 180cm이다.

감각
엘크는 시각이 안 좋기 때문에
후각과 청각에 매우 의존한다.

테마가 있는 뿔
뿔은 엘크의 나이와
출신지를 모두 타나낼 수 있다.

건강한 식단
엘크 한 마리가 초목을 매일
20kg까지 먹어 치울 수 있다.
그들은 때때로 수초를 뜯어먹는다.

나오고 있는 한 세트의 뿔

붉은사슴
Red Deer

생태 정보
무게: 100~350kg
길이: 꼬리 포함 177~280cm
높이는 최대 120cm
성 성숙: 약 1.5년
임신 기간: 약 220~240일
새끼 수: 1마리, 드물게 2마리
젖떼기는 6~8개월 후에 시작
먹이: 초식.
풀을 뜯어먹지만 관목도 먹는다.
수명: 야생에서 최대 12년
사육되어 20년

많은 다양한 종류의 붉은사슴들 가운데 영국에서 발견되는 것은 가장 큰 육상 포유동물이며 삼림 지역이나 시골에서 발견된다.

붉은사슴은 일 년 내내 무리를 지어 산다. 하지만 수컷들은 독립적인 '독신자' 무리를 형성한다. 나이가 든 개체일수록 특히 더 혼자 지내게 된다. 다 자란 수컷들은 발정기 초에 암사슴의 하렘을 세우려고 애쓰면서 경쟁자들을 겁주기 위해 크게 울부짖는다. 겁주기에서 끝나지 않으면 수사슴들은 뿔로 맞붙으며 싸워 때론 치명적인 결과로 이어진다.

세계 어느 곳에?
유럽과 아시아에 걸쳐 분포하고 또한 북미에도 나타난다. 북아프리카에 사는 유일한 사슴이며 거기에서는 아틀라스 산맥에 한정되어 있다.

얼마나 클까?

뿔
다 자란 수사슴의 뿔에는 최대
20개의 뿔가지가 있을 수 있다.

눈
크고 검은 눈은
머리에 높이 위치해 있어
좋은 시계를 제공한다.

천연색
독특한 빨간색 털은
봄과 여름에만 선명하다.
가을에는 갈색빛이 도는
회색 털로 대체된다.

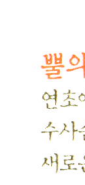

뿔의 탈락
연초에 번식기, 즉 발정기 후에
수사슴의 뿔은 탈락된다. 그리고
새로운 쌍이 바로 자란다.

새끼사슴들은 반점이 있는
외모를 가지고 있다.

223

일본사슴
Sika Deer

생태 정보
무게: 25~110kg
길이: 꼬리 포함 115~175cm
높이는 최대 110cm
성 성숙: 18개월~2년
임신 기간: 약 220일
새끼 수: 1마리, 드물게 2마리
젖떼기는 8~12개월 후에 시작
먹이: 초식
풀을 뜯어먹고 키 큰 식물의 잎도 먹는다.
수명: 야생에서 10년
사육되어 최대 20년

'시카(sika)'라는 단어는 일본어로 '작은 사슴'이라는 뜻이다. 일본에서는 신성하게 여겨지고 있으나 다른 곳에서는 멸종위기에 처해 있다.

대부분의 사슴들이 상당히 조용한 반면 일본사슴은 예외적으로 시끄러운 비명을 포함하여 10개의 다양한 소리로 된 독특한 어휘를 가지고 있다. 암사슴들은 보통 한 마리의 수사슴이 이끄는 작은 무리로 사는데, 수컷들은 아주 텃세가 강하고 천성적으로 매우 공격적이다. 싸울 때는 뿔만이 아니라 날카로운 발굽도 사용하기 때문에 누가 이기든 서로 심각한 상처를 입고 끝난다. 일본사슴들은 천성적으로 야행성이다.

세계 어느 곳에?
아시아의 동부, 시베리아에서 중국과 한국까지 그리고 대만과 일본을 포함한 섬들에서 나타난다. 미국, 영국, 뉴질랜드의 야생에 도입되었다.

얼마나 클까?

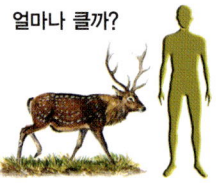

뿔
뿔은 수컷에게만 나타나며 길이가 81cm에 이를 수 있다.

반점 있는 외모
반점들은 특정한 타입으로만 나타나며 겨울에는 덜 선명해진다.

갈기
털은 겨울에 더 두꺼워지며 수컷의 목 주변에 갈기를 만든다.

천연색
색은 개체 간에 매우 눈에 띄게 다르다. 회색을 띤 색조에서 불그스름한 색까지 다양하다.

새끼 일본사슴
새끼사슴들은 5월과 6월에 태어난다. 새끼 때는 늑대들의 공격으로부터 특히 위험에 처한다.

어떤 수사슴들은 혼자 산다.

225

다마사슴
Fallow Deer

생태 정보
무게: 25~130kg
길이: 꼬리 포함 154~215cm
높이는 최대 110cm
성 성숙: 암컷은 1년
수컷은 1.5년
임신 기간: 약 230일
새끼 수: 1마리
젖떼기는 8개월 후에 시작
먹이: 초식.
풀을 뜯어먹고 또한 키 큰 식물들의 잎도 먹는다.
수명: 야생에서 최대 8년
사육되어 최대 15년

이 사슴들은 유럽 태생이 아니지만 수세기 동안에 걸쳐 유럽에 도입되었다. 선천적으로 삼림지에 살지만 초원 지역에서도 잘 자란다.

발정기라 불리는 가을의 짝짓기 기간에는 이 사슴들이 특히 더 활동적이고 소리를 내는 것을 볼 수 있다. 암컷들은 경고의 울음소리를 내고, 반면 수사슴들은 가망 경쟁자들을 겁주는 방법으로 으르렁거린다. 출산 후에 암사슴은 약 4개월 동안 4시간마다 새끼사슴을 먹인다. 그리고 나서 어미와 새끼는 무리에 다시 영구적으로 합류한다. 다마 사슴의 적응력은 미국을 포함한 38개국에 새로 정착한 정도다.

세계 어느 곳에?
원래 북아프리카, 중동, 소아시아와 발칸 반도 태생이다. 노르만 족에 의해 영국에 도입된 이 종은 이제 유럽 전역에서 광범위하게 나타난다.

얼마나 클까?

뿔
뿔은 '손바닥 모양'으로 묘사된다. 손가락을 뻗은 손 같은 형태 때문이다. 길이가 70cm 이상 될 수 있다.

크기
수사슴들은 뿔을 제외하고라도 암사슴보다 더 크다.

반점
어떤 개체들은 더 짙은 갈색 털과 더 두드러진 반점을 가지고 있다.

성숙도의 증가
수사슴들은 봄에 뿔이 탈락되고 늦여름에는 더 인상적인 뿔로 대체된다. 더불어 차츰 사슴의 성숙도가 높아진다.

방어 자세를 취하는
암사슴은 여우로부터 새끼사슴을 보호한다. 새끼사슴들은 보통 3주 정도 될 때까지 풀 속에 숨어 있는다.

수사슴들이 뿔로 싸운다.

사불상
Père David's Deer

생태 정보
무게: 약 135kg
길이: 꼬리 포함 230~240cm
꼬리는 50cm, 높이는 최대 120cm
성 성숙: 14개월
임신 기간: 약 270~300일
새끼 수: 1마리, 드물게 2마리
젖떼기는 10~11개월 후에 시작
먹이: 초식.
주로 풀을 뜯어먹지만 다양한 수초들도 먹고 산다.
수명: 사육되어 최대 18년

이 사슴은 프랑스 선교사 피에르 데이비드의 이름을 따서 지었다. 그는 1865년에 중국 황제가 기르던 무리를 살짝 보도록 허락 받았었다.

1939년, 사불상이 야생에서 완전히 멸종되었지만 중국 황제가 소유한 무리가 홍수와 혁명으로 완전히 없어지기 전에, 다행스럽게도 많은 쌍들이 유럽으로 보내졌다. 그리고 나서 유럽에서 살아남은 개체들은 베드포드 공작의 보호로 넘어갔다. 그리고 오늘날 이 종의 모든 견본들은 워본 공원에서 태어난 한 마리의 수사슴과 다섯 마리의 암사슴들의 후손이다.

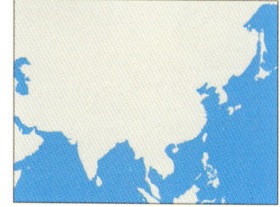

세계 어느 곳에?
지금은 야생에서 멸종되었고 정확한 분포는 밝혀지지 않았다. 중국 북동부의 늪이 많은 평원에 존재했다고 여겨진다.

얼마나 클까?

뿔
사슴 중에 독특하게도
이 종은 뿔에 주 앞가지가 있다.
두 세트가 매년 자란다.

얼굴의 특징
짧고 가느다란 귀와
큰 눈이 있는
길고 뾰족한 얼굴을
가지고 있다.
분비관이 눈 아래에
눈에 띈다.

꼬리
꼬리는 길고 끝에는
검은 다발이 있다.
당나귀의 꼬리와
닮았다.

발굽
발굽은 길고 가늘어
습지 위를 걷기 쉽게 한다.

어미와 새끼

물과 관련된 생활방식
이 사슴들은 물속을 헤치며 걷고,
물속에서 먹이를 먹고 놀면서
장시간을 보낸다. 물론
헤엄도 잘 친다.

문착
Indian Muntjac

생태 정보
무게: 15~20kg
길이: 꼬리 포함 122~152cm
높이는 최대 40cm
성 성숙: 12개월
임신 기간: 200~220일
새끼 수: 1마리, 드물게 2마리
젖떼기는 2~3개월 후에 시작
먹이: 잡식성.
초목, 과일, 버섯뿐만 아니라 알과 썩은 고기도 먹는다.
수명: 야생에서 6년
사육되어 최대 10년

키는 작지만 성질이 사납고 수컷들은 영역을 지키기 위해 치열하게 싸운다. 그들은 천성적으로 혼자 다니는 경향이 있다.

자그마치 15가지의 다양한 품종의 문착을 광범위한 분포 범위 전역에서 볼 수 있다. 이 사슴들은 천성적으로 야행성인 경향이 있기 때문에 쉽게 발견되지는 않지만 수가 적은 것은 아니다. 귀에 거슬리는 짖는 소리를 내기도 하고 어떤 경작 지역들에서는 농작물에 해를 끼치는 유해동물로 여겨진다. 암컷은 처음에 새끼사슴을 초목 속에 숨겨 두고 새끼가 하루 종일 어미와 함께 다닐 수 있을 만큼 튼튼해질 때까지는 규칙적으로 돌아와서 새끼에게 먹이를 먹인다.

세계 어느 곳에?
인도와 남동 아시아에서 일어난다. 북쪽으로 중국 남부까지, 남쪽으로 자바와 수마트라의 인도네시아 섬까지, 그리고 동쪽으로 보르네오까지 확장된다.

얼마나 클까?

뼈 같은 융기
이 융기는 암수 모두에 나타나며 수컷의 뿔이 자라는 토대이다.

뿔
수컷에게만 나타나며 약 15cm 길이로 자란다. 뿔은 이따금 교체된다.

송곳니
수컷의 윗송곳니는 작은 엄니를 형성한다. 최대 2.5cm의 길이이며 치명적일 수 있다.

분비선
눈물샘은 눈 앞에 선명하다.

경계하기와 살아있기
이 문착들의 작은 체구는 다양한 많은 포식자들에 취약하다는 것을 의미한다. 하지만 그들의 삼림 서식지가 약간의 보호 역찰을 하고 있다.

흰꼬리사슴
White-Tailed Deer

생태 정보
무게: 50~115kg
북부 품종이 미국 남부
품종보다 더 크다.
길이: 꼬리 포함 195~208cm
높이는 최대 105cm
성 성숙: 2년
임신 기간: 200~217일
새끼 수: 2마리,
때때로 3~4마리
젖떼기는 4개월 후에 시작
먹이: 초식.
풀과 관목뿐만 아니라
경작물도 먹는다.
수명: 사육되어 최대 10년

이 사슴들은 매우 광범위한 지역에 나타난다. 사냥의 압박에도 불구하고 이 종들은 대체로 흔하게 남아 있다.

흰꼬리사슴들은 조심성이 많고 위협을 느끼면 시속 최대 64km의 속도로 전력 질주할 뿐만 아니라 위험에서 탈출하기 위해 강이나 호수로 잽싸게 뛰어들어 수영도 잘한다. 광범위한 범위의 다양한 서식지에 걸쳐 발생하지만, 보통 숲이 많이 우거지지 않은 시골을 찾는다. 새끼사슴들은 등에 하얀 반점 무늬가 있어서 초목 속에 숨어 가만히 누워 있을 때 그들의 윤곽을 분산시키는데 도움이 된다.

세계 어느 곳에?
캐나다에서 플로리다까지 북미의 대부분 지역에 나타난다(하지만 매우 건조한 서부 지역에는 없다.). 중앙아메리카를 지나 남아메리카의 볼리비아까지 확장된다.

얼마나 클까?
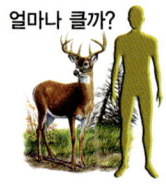

뿔
뿔은 1월과 3월 사이에
탈락되며, 5월까지는
다시 자라기 시작한다.

귀
귀는 그리 크지는 않지만
가능한 위험에 대해
경고하는 역할을 한다.

천연색
얼굴의 하얀색 털이
몸의 아랫면으로
이어져 내려온다.

향선
다리에 향선이 있어
영역을 표시하는데
사용된다.

경보의 신호
달리거나 놀랐을 때, 이 사슴들은 긴 꼬리를 수직으로 세운다.

함께 있는 수사슴 두 마리

남부푸두
Southern Pudu

생태 정보
무게: 9~15kg
새끼들은 3개월이면 완전히 자란다.
길이: 꼬리 포함 93cm
높이는 최대 38cm
성 성숙: 암컷은 6개월
수컷은 8~12개월
임신 기간: 200~220일
새끼 수: 1마리
젖떼기는 2개월 후에 시작
먹이: 초식.
나무껍질을 포함한 식물들을 뜯어먹으며 과일과 씨앗도 먹는다.
수명: 8~10년

이 종은 세계에서 가장 작은 사슴이다. 포식자들로부터 피할 수 있는 삼림 지역에 가족단위 무리를 지어 서식한다.

이 사슴들은 해수면 근처에서부터 산악 서식지의 설선까지 발견된다. 그들은 자신들의 영역에서 지나는 길을 정해 놓아 빽빽한 초목 사이로 쉽게 움직이도록 한다. 그리고 이 길들은 똥으로 표시된다.
남부푸두는 새벽에 가장 활동적이다. 그들은 놀랍도록 민첩하며 뒷다리로 기어오르거나 똑바로 서서 초목을 뜯어먹는다.

세계 어느 곳에?
이 종은 그들의 북부 친척보다 더 남쪽에 발생한다. 칠레와 아르헨티나의 안데스 산맥 지역 남부의 고도 최대 1700m에 나타난다.

얼마나 클까?

뿔
이 구부러진 외가닥 뿔은 수컷에게만 나타나며 최대 길이가 겨우 10cm까지 자란다.

귀
귀는 크고 둥글다. 머리 위에 상당히 뒤쪽에 위치해 있으며, 색은 주황색이고 입술색과 일치한다.

털
털은 짧고 적갈색이며 다리 위는 더 밝은색이다.

체형
다리는 짧고 가는 반면 몸은 보기에 둥글다.

위험이 위협하다
쿠거 같은 사냥꾼들이 이 작은 사슴들에게 몰래 접근한다. 더 작은 고양이, 여우, 그리고 맹금들 또한 위험하다.

기어오르기

카리부
Caribou

생태 정보
무게: 암컷은 40~100kg
수컷은 70~150kg
길이: 꼬리 포함 195~235cm
높이는 최대 120cm
성 성숙: 2~3년
임신 기간: 약 227일
새끼 수: 1마리
젖떼기는 4~5개월 후에 시작
먹이: 초식.
이끼, 관목 그리고 그에
유사한 먹이를 먹는다.
수명: 보통 약 5년(최대 15년)

카리부의 독특한 특징은 암수 모두 뿔이 있다는 것이다. 순록이라 불리는 그들의 가축화된 친척들은 외관상 더 무겁고 다리가 더 짧다.

카리부 무리들은 먹이를 찾아 극북으로 계절이동을 한다. 여름에 북극의 평원에 눈이 녹을 때 그곳을 향해 간다. 하나의 무리에 20만 마리까지가 기록되었으나 보통은 만 마리 미만이다. 새끼들은 여름에 태어나고 태어나면서부터 뛸 수 있어 북극곰과 늑대 같은 포식자들로부터 도망칠 수 있다. 다른 새끼 사슴들과 비교해 볼 때 이들은 흰 반점이 없다.

세계 어느 곳에?
야생 카리부의 무리들은 이제 툰드라 지역에서 발견되는 스칸디나비아와 러시아뿐만 아니라 알래스카와 캐나다 북부의 일부 지역에 한정되어 있다.

얼마나 클까?

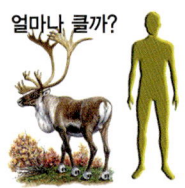

천연색
카리부의 외모는 연중 시기에 따라 다르다. 여름에는 갈색을 띠고 겨울에는 더 회색이 된다.

코
후각은 카리부의 생존에 중요하다. 눈 아래 묻힌 먹이의 위치를 찾아내도록 돕는다.

목주머니
수컷은 두 개의 부풀어 오르는 주머니가 있어서 번식기 동안에 으르렁거리는 소리를 증폭시킨다.

털
털은 두껍고, 피부에 가깝게 공기를 가두는데 매우 효과적이어서 단열 효과에 도움이 된다.

가축 사촌
가축 순록은 야생 순록보다 색이 훨씬 더 다양하다. 그들은 약 3천 년 전에 처음 가축화 되었다.

카리부의 발굽은 계절에 따라 변해 쉽고 안전하게 걷는데 도움이 된다.

기린
Giraffe

생태 정보
무게: 암컷은 1100~1600kg
수컷은 1300~2000kg
길이: 꼬리 포함 457~570cm
성 성숙: 3~5년
임신 기간: 434~465일
새끼 수: 1마리
(출생시 높이가 180cm이다.)
젖떼기는 12~16개월 후에 시작
먹이: 초식.
특히 미모사와 아카시아 나무의 높이 자란 잎을 뜯어먹는다.
수명: 20~25년
사육되어 최대 28년

기린은 지구상에 현재 살아있는 종 중에서 가장 키가 크고 (최대 587cm) 또한 가장 무거운 반추 동물이다.

기린의 기원은 영양 같은 조상으로 거슬러 올라간다. 그들은 3000만 년에서 5000만 년 전에 유럽과 아시아에 살았고 높이가 300cm까지 자랐다. 현대의 기린들은 약 백만 년 전에 처음 나타났다. 그들은 체형 때문에 심장이 혈액을 뇌까지 보내기 위해 보통 포유동물 혈압의 두 배를 생산해야 한다. 그 결과 기린의 심장은 무게가 10kg까지 나가고 길이가 약 61cm로 측정된다.

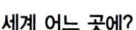

세계 어느 곳에?
아프리카의 수많은 다양한 지역들, 사하라 사막의 남부, 특히 동부와 남부에서 발견된다. 개체들은 매우 독립되어 있다.

얼마나 클까?

뿔
수컷 기린들이 암컷들에게
코를 비비는 방식 때문에
그들의 뿔은 민둥민둥하다.

목 구조
그 길이에도 불구하고
목에 있는 뼈가
다른 포유류들에 있는 것보다
많지는 않다. 개개의 뼈가
단순히 더 가늘고 긴 것이다.

겉모습
크기와 무늬가 다양하다.
최대 9개의 다양한
품종들이 알려져 있다.

보호장치
예리한 시력과 키 덕분에
기린은 멀리에서부터
위험을 발견하고
다른 동물들에게도
경보를 알릴 수 있다.

아래로 낮추기
그들의 키에도 불구하고
기린들은 가끔 앉는다.
하지만 다시 일어서는데
어려움이 있다.

하마
Hippopotamus

생태 정보
무게: 655~3200kg
길이: 꼬리 포함 335~564cm
높이는 최대 165cm
성 성숙: 암컷은 4~10년
수컷은 7~12년
임신 기간: 약 248일
새끼 수: 1마리
젖떼기는 6~8개월 후에 시작
먹이: 초식.
어둠을 틈타 풀을 뜯어먹는다.
수명: 보통 30~40년(최대 50년)

하마는 넓은 머리가 있어 눈과 콧구멍을 물표면 위에 두고 뒹굴 수 있다.

하마들은 낮 동안 물속에서 쉬면서 보내는데 머리를 수면 바로 위로 내놓고 있는다. 더 깊은 물속으로 들어갈 때는 바닥을 따라 걸으면서 최대 30분 동안 잠수한 채 있을 수 있다. 하마들은 놀랍게도 공격적인 동물이어서 길고 날카로운 아래 송곳니로 다른 하마들에게 심각한 상처를 입히고 심지어 사람을 죽일 수도 있다. 매일 밤 무리는 땅 위에 나타나 먹이 공급처까지 최대 10km를 걸으며 다시 물속에서 휴식을 취한다.

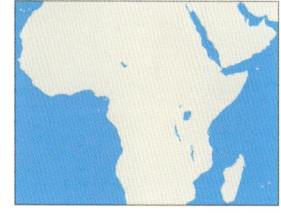

세계 어느 곳에?
아프리카, 사하라 사막 남부, 보통 강과 호수 같은 물줄기 가까이에 나타난다. 아프리카 대륙의 남부에는 없다.

얼마나 클까?

피부
피부표면에 점액샘이 있어
붉그스름한 체액을 분비한다.

몸
몸은 크고 통 모양이다.
일반적으로 털이 없다.

다리
다리는 짧지만 힘이 있어
육지에서 빨리 달리고, 물에서는
수영도 잘 할 수 있게 한다.

콧구멍
콧구멍은 비교적 크지만
잠수할 때는 피부판으로
입구를 막는다.

편승하기
무리 속의 새끼 하마들은 물이 너무 깊어
견딜 수 없는 곳에서는 어미의 어깨 위에서 쉰다.

히마는 벌린 입의 넓이기 매우 넓다.

사향노루
Siberian Musk Deer

생태 정보
무게: 11~18kg
길이: 꼬리 포함 90~106cm
높이는 최대 55cm
성 성숙: 암컷은 4~10년
수컷은 7~12년
임신 기간: 약 200일
새끼 수: 2마리, 때때로 3마리
젖떼기는 3~4개월 후에 시작
먹이: 초식
풀과 높이 자란 식물을 뜯어먹는다.
수명: 10~14년
사육되어 20년

사향노루들은 사슴들 중 가장 오래된 조상의 혈통을 대표한다. 천성적으로 민첩하여 전력 질주를 잘하고 500cm의 거리를 뛰어넘을 수 있다.

수컷 암컷 모두 뿔이 없다. 하지만 수컷들은 송곳니 길이로 구별될 수 있다. 그들이 생산하는 강한 사향은 향수 제조에 매우 가치가 있어서 이 사슴들이 널리 사냥되고 있는 것이다.

사향노루들은 보통 혼자 살며, 낮 동안에는 몸을 숨기고 밤에는 활동적이 된다. 암컷들은 초여름에 출산을 하고 새끼 사슴들은 약 8주가 될 때까지 몸을 숨기고 지낸다.

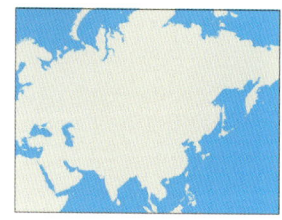

세계 어느 곳에?
전 소련의 중부 지역들을 지나 몽골의 북부와 중국, 남쪽으로는 한국까지 확장되어 있다. 타이가라 불리는 산이 많은 삼림 지역들에 한정되어 있다.

얼마나 클까?

후반신
후반신은 어깨보다 더 높다.
이것은 사슴의 점프력을 반영한다.

귀와 눈
귀는 넓고 높을 뿐 아니라 움직인다. 눈은 크다.

치아
튀어나왔고 뒤로 향한 윗송곳니는 최대 10cm로 측정된다

꼬리
꼬리는 대게 엉덩이의 긴 털 속에 숨겨져 있어 눈에 잘 안 띈다.

반점으로 덮여 있는
새끼사슴들은 약 18개월이 될 때까지 몸의 윗부분에 반점이 아주 많다. 이것은 그들의 존재를 숨기는데 도움이 되어 포식자들로부터 그들을 보호한다.

이 사슴들은 높이 자란 식물의 잎을 먹는다. 특히 내린 눈이 땅을 온통 덮었을 땐 꼭 필요하다.

바비루사
Babirusa

바비루사의 송곳니는 매우 가늘고 길어 뿔을 닮았다.
이 특징 때문에 '사슴 돼지'라고도 불린다.

수컷들은 혼자 사는 반면, 암컷들은 최대 5마리의 성체들과 그들의 새끼로 무리를 이루는데 가장 큰 암컷이 무리의 여자가장이다. 그들 무리는 휴식과 보호를 위해 보금자리를 정한다. 비단뱀을 포함한 다양한 포식자들이 바비루사를 사냥하는데 특히 새끼들을 노린다. 새끼 돼지들은 성체들처럼 몸 아래로 이어지는 줄무늬가 없다. 최근의 연구 결과 바비루사들이 5000마리도 남아있지 않다고 한다.

생태 정보
무게: 60~100kg
(다양한 섬들에 있는 개체군들 사이에 크기 차이가 있다.)
길이: 꼬리 포함 87~100cm
높이는 최대 80cm
성 성숙: 5~10개월
임신 기간: 155~175일
새끼 수: 보통 1~2마리
젖떼기는 6.5~8개월 후에 시작
먹이: 잡식성.
초목, 과일, 뿌리, 작은 동물들을 먹는다. 또한 함염지(동물이 소금을 핥으러 가는 곳)를 자주 다닌다.
수명: 10~14년

세계 어느 곳에?
인도네시아에 나타나는데 술라웨시와 부루 섬에 집중 분포되어 있다. 또한 술라 제도의 망골산과 탈리아부 그리고 바투다카, 탈라코와 토기안에 나타난다.

얼마나 클까?

치아
윗송곳니는 코를 통과해 위로 자라며 눈앞에서 둥글게 구부러진다.

코
넓은 콧구멍은 냄새를 탐지하는데 도움이 된다. 하지만 주둥이 뼈의 부재는 돼지들이 코로 땅을 잘 팔 수 없다는 것을 의미한다.

털
몸의 외피는 개체들 간에 상당히 다양하다. 어떤 것들은 거의 털이 없다.

꼬리
꼬리는 길고 끝으로 갈수록 상당히 가늘어진다.

싸움
아래 송곳니 세트는 싸우는데 사용되지만 윗송곳니 세트는 얼굴의 상처를 막는데 도움이 된다.

이런 행동은 땅을 일구는 행위로 불리며 아마 냄새 표시와 연관되어 있을 것이다.

숲멧돼지
Giant Forest Hog

생태 정보
무게: 100~275kg
길이: 꼬리 포함 155~255cm
높이는 최대 110cm
성 성숙: 암컷은 1년
수컷은 3~4년
임신 기간: 155~175일
새끼 수: 보통 2~6마리,
하지만 11마리도 가능하다.
젖떼기는 6.5~8개월 후에 시작
먹이: 잡식성.
초목, 과일, 뿌리와 썩은
고기를 먹는다.
수명: 최대 12년

이 크고 어마어마한 수퇘지들은 도전을 받으면 엄니를 이용해서 맹렬하게 싸운다.

숲멧돼지들은 뚜렷한 영역에서 살며 매일 같은 길을 따라 다닌다. 진흙탕에서 뒹구는 이유는 피부를 좋은 상태로 유지해 주기 위해서다. 무리의 구성원들은 꿀꿀거리는 소리와 다른 발성으로 숲에서 연락을 유지한다.
임신한 암퇘지는 출산을 할 수 있는 숨겨진 보금자리를 만들고 새끼 돼지들은 우기 전에 태어난다. 이 새로운 가족 무리는 약 1주일 후에 무리에 다시 합류한다.

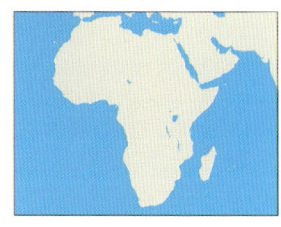

세계 어느 곳에?
기니아에서 가나까지, 나이지리아 남동부에서 수단 남서부와 우간다까지, 남쪽으로 콩고까지의 아프리카에 나타난다. 에티오피아와 탄자니아에서도 발견된다.

얼마나 클까?

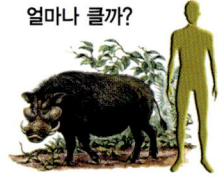

두개골 구조
남자 주먹이 들어갈 만큼 큰, 뚜렷한 오목한 부분이 작은 귀 사이에 있다.

사마귀
이 부풀어 오른 부분은 수퇘지의 눈 밑에서 발견된다.

긴 엄니
윗송곳니로부터 형성된 긴 엄니는 뒤쪽으로 자라고 길이가 최대 35cm이다.

짧은 엄니
짧은 엄니들은 아래 송곳니로 변경된다. 긴 엄니에 마찰하여 날카롭게 유지한다.

보호하는 부모
암퇘지가 만약 위험을 감지하면, 새끼 돼지들을 부른다. 새끼들은 즉시 땅에 누워 꼼짝하지 않는다.

수컷(왼쪽)과 암컷(오른쪽)

덤불멧돼지
Red River Hog

생태 정보
무게: 45~120kg
수퇘지가 더 무겁다.
길이: 꼬리 포함 130~195cm
높이는 최대 80cm
성 성숙: 18~21개월
임신 기간: 120~127일
새끼 수: 보통 1~4마리,
하지만 6마리도 가능하다.
젖떼기는 2~4개월 후에 시작
먹이: 잡식성.
초목, 과일, 뿌리, 썩은
고기를 먹는다.
수명: 최대 20년

이 돼지는 독특한 털 색깔과 물속에서 뒹구는 습성 때문에 레드 리버 호그(Red River Hog)로 불린다.

이 돼지들은 주로 야행성이다. 낮 동안에 안전하게 쉴 수 있도록 삼림지역과 늪지대에 굴을 판다. 엄니는 비교적 눈에 잘 띄지 않으나 아래턱에 있는 엄니들은 길이가 7.5cm에 이를 수 있다. 덤불멧돼지들은 엄니와 코를 이용해 땅을 파서 흙 속에 있는 구근과 덩이줄기를 뿌리째 뽑는다. 그들은 '산돼지 떼(sounders)'라 불리는 무리를 지어 살며 수퇘지가 동반하는 암퇘지와 새끼들로 이루어진 하렘을 구성한다.

세계 어느 곳에?
아프리카의 서부와 중부 지역들에 한정된다. 세네갈에서 중앙아프리카공화국까지, 그리고 아마 동쪽으로 수단 남부를 지나 에티오피아 서부 지역들까지 산다.

얼마나 클까?

귀
귀는 크고 끝으로 갈수록 가늘어진다. 귀 끝에는 긴 털로 된 술이 있다.

꼬리
꼬리는 길고 최대 45cm이며, 끝에 털 송이가 있다.

천연색
털은 적갈색이며 하얀 갈기와 머리 무늬가 있다.

사마귀
수컷들만이 얼굴에 사마귀가 있고 이마에 뼈 마루가 있다.

먹이를 위해 땅 파기

밀치기
수퇘지들 간의 싸움은 특별히 공격적이지는 않다.
싸우는 돼지들은 대개 머리로 서로 밀며 힘겨루기를 한다.

유럽멧돼지
European Wild Boar

생태 정보
무게: 45~320kg
수퇘지가 더 무겁다.
길이: 꼬리 포함 105~240cm
높이는 최대 110cm
성 성숙: 18개월 즈음
임신 기간: 112~130일
새끼 수: 보통 4~8마리,
하지만 13마리도 가능하다.
젖떼기는 3~4개월 후에 시작
먹이: 잡식성.
초목, 과일, 뿌리, 죽은 고기를 먹는다.
수명: 최대 21년

**이 종은 가축 돼지의 야생 조상이라고 믿어진다.
멧돼지와 가축 돼지는 쉽게 이종교배 한다.**

1600년대의 멸종 이후, 최근 영국의 일부 지역들에서 멧돼지 사육이 증가하면서 이 종이 재건되는 결과를 가져왔다. 탈출한 돼지들은 시골의 적당한 지역들로 몸을 숨겨 사라지거나 헤엄을 쳐서 새로운 지역으로 이동하기도 하고 최대 7km 반경까지 서식 범위를 넓혀 나가는 등 스스로 야생에 적응해 내었다.
암퇘지는 새끼 돼지들과 함께 있을 때인 봄에 특히 공격적이 된다.

세계 어느 곳에?
스칸디나비아의 남부를 포함하여 유럽 대부분의 지역과 일본, 인도네시아까지 아시아 남반부의 많은 곳에 걸쳐 분포한다. 또한 북아프리카에서도 나타난다.

얼마나 클까?

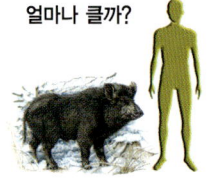

털
털은 뻣뻣한 질감이며 거칠다.
어린 새끼들은 갈색빛을 띠나
나이가 듦에 따라 더욱 회색이 된다.

다리
다리는 상당히 길고
근육이 발달되어 있어
헤엄치는 것을 돕는다.

엄니
아래 송곳니는 입술 너머로
튀어나와 있으며 매우 날카롭다.

수퇘지(위)와 암퇘지(아래)

진흙 속에서 뒹굴기
뒹굴기는 일반적인 활동이며
날씨가 더운 여름에는 특히 그렇다.
이것이 체온을 낮추는데
도움이 되기 때문이다.

목도리펙커리
Collared Peccary

생태 정보
무게: 14~31kg
수컷이 더 무겁다.
길이: 꼬리 포함 82~110cm
높이는 최대 50cm
성 성숙: 암컷은 8~14개월
수컷은 11~12개월
임신 기간: 141~151일
새끼 수: 1~5마리
젖떼기는 2~3개월 후에 시작
먹이: 잡식성.
초목, 과일, 뿌리, 죽은 고기를 먹는다.
수명: 사육되어 최대 24년

낮 동안에 활발히 움직이는 이 목도리펙커리는 강한 체취 때문에 지역에 따라 다양한 다른 이름들로 알려져 있다.

냄새 표시는 이 펙커리들에게 매우 중요하다. 영역을 표시하고 서로 연락을 취하는 방법이기 때문이다. 이들은 또한 같은 목적으로 똥을 사용하기도 한다. 낯선 돼지가 무리에 영입하려는 어떤 시도든 강경하게 물리쳐 내고 새로 온 돼지는 쫓겨난다. 암컷들은 혼자 출산하지만 다음날 다시 무리에 합류한다. 궁극적으로 몇몇 새끼들 또한 구역에서 내몰린다.

세계 어느 곳에?
미국 남부, 중앙아메리카(멕시코 중북부는 제외하고)를 거쳐 남아메리카의 안데스 산맥 동부에서 아래로 아르헨티나 북부와 브라질에 나타난다.

얼마나 클까?

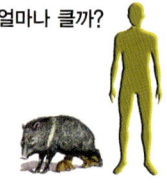

머리
머리는 좁고 끝 부분에는
비교적 유연한 주둥이가 있다.
귀는 작다.

몸
꼬리가 따로 드러나는 부분이 없이
둥그런 윤곽이 강조된다.

털
털은 회색빛에서 반백의 검은색이며
목 아래 노란색 줄무늬가 있고
거친 질감이다.

선분비물
등에 있는 분비선은
사향 냄새가 나는,
기름기가 있는 체액을 방출한다.

젖빨기
젖을 빨고 있는
새끼 목도리페커리들은
어미 목도리페커리와는
색깔이 다르다.

반짝거리는 눈은
나쁜 시력을 나타낸다.

|찾|아|보|기|

가나다 순

가우르(인도들소) Gaur 152
가지뿔영양 Pronghorn Antelope 140
갈기늑대 Maned Wolf 26
검은등자칼 Black-Backed Jackal 24
검은영양 Sable Antelope 172
고양이 Domestic Cat 52
구름무늬표범 Clouded Leopard 66
기린 Giraffe 238
꿀오소리(라텔) Honey Badger 102
남부푸두 Southern Pudu 234
너구리 Raccoon Dog 32
너구리판다(레서판다) Red Panda 12
네뿔영양 Four-Horned Antelope 204
노란등다이커 Yellow-Backed Duiker 198
노루 Roe Deer 216
눈표범 Snow Leopard 82
다마사슴 Fallow Deer 226
단봉낙타 Dromedary Camel 210
대왕판다 Giant Panda 118
덩굴멧돼지 Red River Hog 248
도르카스가젤 Dorcas Gazelle 168
들개 Bush Dog 38
딩고 Dingo 22
땅늑대 Aardwolf 90
라마 Llama 212
리드벅 Mountain Reedbuck 192
말레이곰 Sun Bear 120
모래고양이 Sand Cat 56
목도리페커리 Collared Peccary 252
무플런 Mouflon 188
문착 Indian Muntjac 230
물소 Water Buffalo 154
미국흑곰 North American Black Bear 124
미어캣 Meerkat 86
바바리양 Barbary Sheep 144
바비루사 Babirusa 244
베조아르아이벡스 Bezoar Ibex 156
보브캣 Bobcat 64

북극곰 Polar Bear 132
북극여우 Arctic Fox 40
북방족제비(산족제비) Ermine 106
북아메리카링테일 Northern American Ringtail 110
붉은사슴 Red Deer 222
붉은여우 Red Fox 42
블루윌더비스트(누) Blue Wildebeest 162
비쿠냐 Vicuna 214
빈투롱 Binturong 136
사불상 Pere David's Deer 228
사이가영양(큰코영양) Saiga 196
사자 Lion 68
사향노루 Siberian Musk Deer 242
사향소 Musk Ox 182
산악아이벡스 Alpine Ibex 158
샤무아(알프스산양) Chamois(Gemse) 194
서벌 Serval 62
솔담비(소나무산달) Pine Marten 96
수마트라영양 Southern Serow 160
숲멧돼지 Giant Forest Hog 246
스프링복영양 Springbok Antelope 146
승냥이 Dhole 28
시베리아호랑이 Siberian Tiger 74
시베리안허스키 Siberian Husky 46
쌍봉낙타 Bactrian Camel 208
아라비아오릭스 Arabian Oryx 178
아르갈리양(산양) Argali(Mountain Sheep) 184
아메리카너구리 Raccoon 116
아메리카들소 American Bison 148
아메리카오소리 American Badger 108
아시아흑곰 Asian Black Bear 134
아프리카들개(리카온) African Hunting Dog 30
아프리카물소(아프리카들소) African Buffalo 200
안경곰 Spectacled Bear 122
알래스카불곰 Kodiak Bear 130
액시스사슴 Chital Deer 218
야크 Yak 190
엘크 Elk 220
오리비가젤 Oribi Gazelle 180
오소리 Eurasian Badger 100
오실롯 Ocelot 60
울버린 Wolverine 94
유라시안스라소니 Eurasian Lynx 54

유럽들소 European Bison 150
유럽멧돼지 European Wild Boar 250
유럽살쾡이 European Wildcat 58
유럽족제비 Polecat 104
인도몽구스 Indian Grey Mongoose 84
인도호랑이(벵골호랑이) Bengal Tiger 76
일런드 Eland 202
일본사슴 Sika Deer 224
임팔라 Impala 142
재규어 Jaguar 70
재규어런디(자가란디) Jaguarundi 80
저먼셰퍼드도그 German Shepherd Dog 16
점박이하이에나 Spotted Hyena 88
제넷고양이 Common Genet 138
줄무늬스컹크 Striped Skunk 92
치타 Cheetah 48
카라칼 Caracal(Persian Lynx) 50
카리부 Caribou 236
코요테 Coyote 18
쿠두 Greater Kudu 206
큰곰 Brown Bear 126
큰귀여우 Bat-Eared Fox 34
큰뿔야생양 Bighorn Sheep 186
키르크딕딕 Kirk's Dik-Dik 174
킨카주너구리 Kinkajou 114
토피영양 Topi Antelope 164
톰슨가젤 Thomson's Gazelle 166
페넥여우 Fennec Fox 44
표범 Leopard 72
퓨마 Puma 78
하마 Hippopotamus 240
황금자칼 Golden Jackal 14
회색곰 Grizzly Bear 128
회색늑대 GreyWolf 20
회색여우 Grey Fox 36
흑담비 Sable 98
흰꼬리사슴 White-Tailed Deer 232
흰바위산양 Rocky Mountain Goat 176
흰코코아티 White-nosed Coati 112
히말라야산양 Himalayan Tahr 170

ABC 순
Aardwolf 땅늑대 90
African Buffalo 아프리카물소(아프리카들소) 200
African Hunting Dog 아프리카들개(리카온) 30
Alpine Ibex 산악아이벡스 158
American Badger 아메리카오소리 108
American Bison 아메리카들소 148
Arabian Oryx 아라비아오릭스 178
Arctic Fox 북극여우 40
Argali(Mountain Sheep) 아르갈리양(산양) 184
Asian Black Bear 아시아흑곰 134
Babirusa 바비루사 244
Bactrian Camel 쌍봉낙타 208
Barbary Sheep 바바리양 144
Bat-Eared Fox 큰귀여우 34
Bengal Tiger 인도호랑이(벵골호랑이) 76
Bezoar Ibex 베조아르아이벡스 156
Bighorn Sheep 큰뿔야생양 186
Binturong 빈투롱 136
Black-Backed Jackal 검은등자칼 24
Blue Wildebeest 블루윌더비스트(누) 162
Bobcat 보브캣 64
Brown Bear 큰곰 126
Bush Dog 들개 38
Caracal(Persian Lynx) 카라칼 56
Caribou 카리부 236
Chamois(Gemse) 샤무아(알프스산양) 194
Cheetah 치타 48
Chital Deer 액시스사슴 218
Clouded Leopard 구름무늬표범 66
Collared Peccary 목도리펙커리 252
Common Genet 제넷고양이 138
Coyote 코요테 18
Dhole 승냥이 28
Dingo 딩고 22
Domestic Cat 고양이 52
Dorcas Gazelle 도르카스가젤 168
Dromedary Camel 단봉낙타 210
Eland 일런드 202
Elk 엘크 220
Ermine 북방족제비(산족제비) 106

Eurasian Badger 오소리 100
Eurasian Lynx 유라시안스라소니 54
European Bison 유럽들소 150
European Wild Boar 유럽멧돼지 250
European Wildcat 유럽살쾡이 58
Fallow Deer 다마사슴 226
Fennec Fox 페넥여우 44
Four-Horned Antelope 네뿔영양 204
Gaur 가우르(인도들소) 152
German Shepherd Dog 저먼세퍼드도그 16
Giant Forest Hog 숲멧돼지 246
Giant Panda 대왕판다 118
Giraffe 기린 238
Golden Jackal 황금자칼 14
Greater Kudu 쿠두 206
Grey Fox 회색여우 36
GreyWolf 회색늑대 20
Grizzly Bear 회색곰 128
Himalayan Tahr 히말라야산양 170
Hippopotamus 하마 240
Honey Badger 꿀오소리(라텔) 102
Impala 임팔라 142
Indian Grey Mongoose 인도몽구스 84
Indian Muntjac 문착 230
Jaguar 재규어 70
Jaguarundi 재규어런디(자가란디) 80
Kinkajou 킨카주너구리 114
Kirk's Dik-Dik 키르크딕딕 174
Kodiak Bear 알래스카불곰 130
Leopard 표범 72
Lion 사자 68
Llama 라마 212
Maned Wolf 갈기늑대 26
Meerkat 미어캣 86
Mouflon 무플런 188
Mountain Reedbuck 리드벅 192
Musk Ox 사향소 182
North American Black Bear 미국흑곰 124
Northern American Ringtail 북아메리카링테일 110
Ocelot 오실롯 60
Oribi Gazelle 오리비가젤 180
Père David's Deer 사불상 228
Pine Marten 솔담비(소나무산달) 96

Polar Bear 북극곰 132
Polecat 유럽족제비 104
Pronghorn Antelope 가지뿔영양 140
Puma 퓨마 78
Raccoon 아메리카너구리 116
Raccoon Dog 너구리 32
Red Deer 붉은사슴 222
Red Fox 붉은여우 42
Red Panda 너구리판다(레서판다) 12
Red River Hog 덩굴멧돼지 248
Rocky Mountain Goat 흰바위산양 176
Roe Deer 노루 216
Sable 흑담비 98
Sable Antelope 검은영양 172
Saiga 사이가영양(큰코영양) 196
Sand Cat 모래고양이 56
Serval 서벌 62
Siberian Husky 시베리안허스키 46
Siberian Musk Deer 사향노루 242
Siberian Tiger 시베리아호랑이 74
Sika Deer 일본사슴 224
Snow Leopard 눈표범 82
Southern Pudu 남부푸두 234
Southern Serow 수마트라영양 160
Spectacled Bear 안경곰 122
Spotted Hyena 점박이하이에나 88
Springbok Antelope 스프링복영양 146
Striped Skunk 줄무늬스컹크 90
Sun Bear 말레이곰 120
Thomson's Gazelle 톰슨가젤 166
Topi Antelope 토피영양 164
Vicuña 비쿠냐 214
Water Buffalo 물소 154
White-nosed Coati 흰코코아티 112
White-Tailed Deer 흰꼬리사슴 232
Wolverine 울버린 94
Yak 야크 190
Yellow-Backed Duiker 노란등다이커 198